乡愁城市丛书
薛　冰　主编

纵横姑苏

王稼句　著

东南大学出版社
·南京·

图书在版编目(CIP)数据

纵横姑苏 / 王稼句著. —南京:东南大学出版社,2017.8
(乡愁城市丛书 / 薛冰主编)
ISBN 978-7-5641-7418-7

Ⅰ.①纵… Ⅱ.①王… Ⅲ.①城市文化-文化史-苏州-通俗读物 Ⅳ.①K295.33-49

中国版本图书馆 CIP 数据核字(2017)第 212904 号

纵横姑苏

著　　者：王稼句
责任编辑：许　进
出 版 人：江建中
出版发行：东南大学出版社
社　　址：南京市四牌楼 2 号　邮编：210096
经　　销：全国各地新华书店
印　　刷：南京玉河印刷厂
版　　次：2017 年 8 月第 1 版
印　　次：2017 年 8 月第 1 次印刷
开　　本：700mm×1000mm　1/16
印　　张：10.5
字　　数：180 千字
书　　号：ISBN 978-7-5641-7418-7
定　　价：48.00 元

本社图书若有印装质量问题,请直接与营销部联系。
电话：025-83791830

目　录

小引　|1

上编
吴大城的起建　|5
故都遗迹寻踪　|14
最早的礼制性大城　|24
横山下的新城　|30
唐宋江南雄郡　|34
建炎毁城　|41
废墟上的重生　|45
蒙元时代　|51
明清的繁华　|57
近代的变迁　|71

下编
大城和小城　|89
都市里的田野　|99
衙署林立的省城　|106
文庙和泮宫　|111
浙西第一客馆　|117

玄妙观里 |121
钟声塔影 |126
坊市·街巷·民居 |134
城里半园亭 |144
画桥三百映江城 |151

后记 |162

小引

这本小书以苏州城市为话题,分上下两编,上编以时间为经,下编以空间为纬,上编说的是历史沿革,下编说的是构成形态,故亦算纵横之谈。然而韩愈《送李翱》有云:"譬如浮江木,纵横岂自知。"这样的叙述,格局确乎不小,篇幅却不多,自己的学识更浅,也就很难去把握,只能信马由缰,在这方圆里兜兜圈子,有茫然无见的,有熟视无睹的,也有视而不见的,那就不去管他了。

最早的苏州城建于何时,先秦文献阙如,如果依据汉唐学者的记述,它起造于吴王阖闾时代,且进而认为它的坐落即在当时苏州。自两宋至明清的方志都奉此为圭臬,遂成正统之说。一座古城,岿然不移,悠悠二千五百多年,确乎世间少有,顾颉刚《苏州史志笔记》就说:"苏州城之古为全国之一,尚是春秋时物;其次为成都,则战国时物。"

文献中的中国历史源远流长,传统学术对它的考察,只是凭藉经史、金石、古物、神话的记载。即使进入二十世纪,中外学者的探险和考古活动已频繁展开,王国维提出用二重证据法来重建古史,依然是金石铭文的继续,并非取诸考古发掘的成果。及至二十年代,随着田野考古的不断发现,文献中上古历史的真实性也不断受到怀疑,于是"疑古"的学术思潮开始涌动,将对上古历史的重新认识,寄托于现代考古学的进一步发达。如胡适在给顾颉刚的信中就说:"现在先把古史缩短二三千年,从《诗》三百篇做起。将来等到金石学、考古学发达,上了科学规道以后,然后用地底下掘出的史料,慢慢地拉长东周以前的古史。至于东周以下的史料,亦须严密评判,'宁疑古而失之,不可信古而失之'。"(《古史辨》第一册上编)这种学术观,很大程度上代表着"五四"以后"新国学"学者的思考。

田野考古纠正和补充了文献记载,苏州古城的遗址所在,也因此得到了发现。二〇〇九年,中国社会科学院考古研究所、苏州市考古研究所在西郊木渎一带进行考古调查和发掘,证实在那里的山间盆地内,存在着一座春秋时期具有都城性质的大型古城。这一重大考古成果,被列入中国社会科学院二〇一〇年度中国六大考古新发现、国家文物局二〇一〇年度全国十大考古新发现。

这个考古发现成果,对研究苏州城市史的学者来说,乃是颠覆性的学术观念变化。不少人欢欣鼓舞,因为它解释了过去不能解释的疑问,为以后的研究开辟了新的途径;也有人感到是当头一棒,自己过去的著述都成了废纸,所谓"学问"都脱空了,也就千方百计想要去维持旧说。三十年前的一九八六年,苏州举行纪念建城两千五百年的活动,当时虽然有不同意见,但因为考古尚未发现,纪年依据和城址坐落是正统史志所记,自然无可厚非。今年某学校又张罗纪念建城两千五百三十年的会议,那就笑话了。学术研究,需要有严肃的科学精神,需要学术胆识和学术胸怀。此则虽说事出有因,情由可矜,但在我想来,至少学术胸怀是难称宽广的。

依据考古发现和文献记载,苏州建城至今已有两千六百年历史,可分前后两期,前期是从寿梦至阖闾、夫差时代延及西汉晚期,其址在今胥口、木渎一带;后期是从西汉晚期迄至于今,其址在今苏州古城区。就变迁史来说,这是最重要的一次,中国历史上最早的礼制性大城就此而诞生。两千多年来,苏州古城的种种构成形态,如城墙、坊巷、河道、桥梁、官署、寺观、祠庙、学校、民居、园囿等等,也都在不断变化之中,这有战争的因素,经济的因素,也有自然环境变化的因素,但古城不断变迁的历史,正是古城的成长史,也是人群聚结不断增加、社会经济不断发展、人居环境不断改善的历史。

二〇一六年八月六日

上

编

吴大城的起建

追溯苏州城市史,应该从寿梦说起。

寿梦相传是仲雍十九代孙,乃去齐之子,名乘,又称孰姑,公元前五八五年继位。在吴国史上,他第一个称王,也是从他开始,吴国才有明确的纪年。《史记·吴太伯世家》说:"去齐卒,子寿梦立。寿梦立而吴始益大,称王。"又说:"大凡从太伯至寿梦十九世。王寿梦二年,楚之亡大夫申公巫臣怨楚将子反而犇晋,自晋使吴,教吴用兵乘车,令其子为吴行人,吴于是始通于中国。"寿梦在位二十五年,公元前五六一年卒。"寿梦有子四人,长曰诸樊,次曰馀祭,次曰馀眛,次曰季札。季札贤,而寿梦欲立之,季札让不可,于是乃立长子诸樊,摄行事当国"。

寿梦时代的吴国都城在哪里?一说仍在梅里,张守义《史记正义·吴太伯世家》说:"太伯居梅里,在常州无锡县东南六十里。至十九世孙寿梦居之,号句吴。"一说寿梦已别徙,《世本·居篇》说:"吴孰哉居藩篱,孰姑徙句吴。"孰哉即仲雍,藩篱即梅里,意谓仲雍之居在梅里;孰姑即寿梦,则已徙句吴。《史记正义》和《世本》的"句吴"是同一概念,司马贞《史记索隐·吴太伯系家》说:"颜师古注《汉书》,以吴言'句'者,夷语之发声,犹言'於越'耳。"可知"句吴"即吴。今本《吴越春秋·吴太伯传》说:"故太伯起城,周三里二百步,外郭三百餘里,在西北隅,名曰故吴,人民皆耕田其中。""孰姑徙句吴"这句话,重在一个"徙"字,意谓寿梦已徙置都城,但仍在吴"外郭三百餘里"的范围内。或说寿梦所徙都城在胥湖口,翁澍《具区志》卷五引《图经》:"吴王寿梦故城在胥湖口。"胥湖是太湖东岸五湾之一,《史记正义·夏本纪》引顾夷《吴地记》:"胥湖在胥山西,南与莫湖连,各周回五六十里,西连太湖。"唐宋学者也多寿梦徙都的记载,陆广微《吴地记》记了三条,一、"其后至寿梦,始别筑城为宫室,于平门西北二里";二、"夏驾湖,寿梦盛夏乘驾纳凉之处,凿湖池,置苑囿,故今有苑桥之名";三、"都亭桥,寿梦于此置都驿,招四方贤客,基址见存"。寿梦时,楚大夫申公巫臣适吴,卒葬于吴,乐史《元和郡县志》卷九十一引《郡国志》:"申公巫臣冢亦在西南齐门。"朱长文《吴郡图经续记》卷下引《图经》:"巫臣冢在将门外。"以上引文提到的"平门"、"夏驾湖"、"苑桥"、"都亭桥"、"齐门"、"将门",当按地名随迁之例,都不在今苏州城范围内。又,昆山故城亦寿梦所筑,李吉甫《元和郡县志》卷二十六说:"昆山县,本秦汉娄县,其城吴子寿梦所筑。"

一九九二年,浒关真山大墓被发现,陆续进行考古发掘。其中大真山顶的春秋墓葬,封土高厚,墓室宽大,葬具为七棺二椁,并由玉面饰、珠襦、玉甲饰和阳具饰组成玉殓葬。《礼记·礼器》说:"有以大为贵者。宫室之量,器皿之度,棺椁之厚,丘封之大,此以大为贵也。"如此规格的墓葬,与曲村北赵晋侯墓、寿县蔡侯墓的级别几乎相等,当是春秋中后期诸侯王墓葬。据苏州博物馆《真山东周墓地》推断,墓主惟有寿梦。《左传·襄公十二年》记道:"秋,吴子寿梦卒。临于周庙,礼也。"如此则寿梦已徙都今苏州无疑矣。

如果以寿梦徙都作为苏州城市史的起始,至今已有两千六百年了。

寿梦卒,长子诸樊继位。《世本·居篇》说:"诸樊徙吴。"张守节《史记正义·吴太伯世家》也说:"寿梦卒,诸樊南徙吴。"这是寿梦之后又一次扩建都城,如果说寿梦都城在胥湖口,或因城址占地狭窄,或因自然环境变化,诸樊将城郭的范围向内陆扩大。诸樊卒,又历馀祭、馀眛,馀眛卒,传其子于州,即僚。自诸樊至僚的都城,没有徙移的文献记载。就僚时的情形来说,这个都城已有一定规模,市场交换频率较高,设有专门管理市场的市正。伍子胥出奔至吴,在吴王僚五年,《越绝书·荆平王内传》说:"子胥遂行至吴,徒跣被发,乞于吴市三日,市正疑之,而道于阖庐曰:'市中有非常人,徒跣被发,乞于吴市三日矣。'"又,今本《吴越春秋·阖闾内传》记了两个故事,一是刺客要离为取信庆忌,"乃诈得罪,出奔。吴王乃取其妻子,焚弃于市"。二是阖闾女滕玉死后,"乃舞白鹤于吴市中,令万民随而观之,还使男女与鹤俱入羡门,因发机以掩之,杀生以送死"。这两个故事都发生于阖闾即位后不久,吴大城的营造,或未开始,或尚在建设之中,吴国的政治中心仍在僚的旧都,当时居民的聚集和市场的规模,由此可见一斑。

公元前五一四年,诸樊之子(一说馀眛庶子)公子光用专诸为刺客,弑僚而篡夺王位,号为阖闾。阖闾登阼不久,就计划新造大城,这应该是在诸樊至僚的故城基础上进一步向内陆扩大,规模更巨,增筑更多,军事防御功能大大加强。《史记·仲尼弟子列传》说:"夫吴,城高以厚,池广以深,甲坚以新,士选以饱,重器精兵尽在其中,又使明大夫守之。"这座大城,史称吴大城、阖闾城、阖闾大城、吴越城等。

这座大城的坐落,不见先秦文献记载,至《越绝书》才提到它的所在,只是说得比较隐晦,容易被忽略。一是《计倪内经》说越王勾践问计于计倪:"吾欲伐吴,恐弗能取。山林幽冥,不知利害所在。"则吴大城在山林之中,并非今苏州城之坐落平原。二是《外传记军气》说:"吴故治西江,都牛、须女也。""西江"即胥江,横贯吴大城。《书·禹贡》有云:"三江既入,震泽底定。"唐代学者才具体落实"三江",陆德明以松江、娄江、东江为三江,颜师古以北江、中江、南江为三江。从地理形势来看,胥江古称"西江",也颇为合理。正德《姑苏志》卷十说:"三江之外,其支流一派,东出香山、胥山之间,曰胥口。"自先秦至北宋,这条水道并无胥江之名,先秦称西江,至唐仍称西江,卫万《吴宫怨》云:"君不见吴王宫阁临江起,不卷珠帘见江水。晓气晴来双阙间,潮声夜落千门里。勾践城中非旧春,姑苏台上起黄尘。只今惟有西江月,曾照吴王宫里人。"末两句后被李白偷去,写入《苏台览古》。韦应物《游灵岩寺》则云:"始入松路永,独忻山寺幽。不知临绝槛,乃见西江流。"王建《白纻歌》亦云:"馆娃宫中春日暮,荔枝木瓜花满树。城头乌栖休击鼓,青娥弹瑟白纻舞。夜天瞳瞳不见星,宫中火照西江明。"唐人又称西江为西塘,张籍《送陆畅》有云:"胥门旧宅今谁住,君过西塘与问人。"西塘之名持续甚久,明初孙蕡《西塘图为姑苏吴隐君题》有云:"太湖三万六千顷,荡漾咫尺阊门云。姑苏台荒烟树绿,下著诗翁数椽屋。"约两宋时,方有胥塘、胥江、胥溪之称。这条水道由"西江"逐渐衍变为"胥江",与伍子胥故事的深入人心不无关系,在地名变迁史上是个典型例子。

至于明确表达吴大城即今苏州城的说法,则已在唐代中期,杜佑《通典·州郡十二》说:"苏州,春秋吴国之都也。"张守节《史记正义·吴太伯世家》

木渎胥江　摄于一九二〇年代

说:"至二十一代孙光,使子胥筑阖闾城都之,今苏州也。"刘良注《吴都赋》也说:"吴都者,苏州是也。"李吉甫《元和郡县志》亦持此说。自此以后,这个说法遂成正统。但在唐代,亦未得到普遍认同,如白居易《东城桂三首》小序就说:"苏之东城,古吴都城也,今为樵牧之场。"周南老《齐云楼记》说:"按乐天赋东城桂,谓古都在苏东地,已废而为樵刈之场,是乐天已不详为吴之故宫矣。盖世事绵邈,文献不足,虽则陵谷之变迁,不可得而识者多矣,独宫室也乎哉。"白居易之说,大概缘于甫里阖闾浦的吴宫故实,陆龟蒙亦有《问吴宫辞》。

虽然吴大城即今苏州城之说,居正统地位,但吴大城在今木渎一带,则故老相传,悠悠千载。如朱长文《吴郡图经续记》卷上说:"流俗或传吴之故都在馆娃宫侧。"洪武《苏州府志》卷四提到"阖闾都"时引《崇德县志》:"吴之国都,今平江木渎。"清初葛芝《游仰天坞记》说:"徐山人指示旧城之基,始知吴王建国,连山跨谷,俯瞰太湖,故相传响屧、玩花、采香诸迹不越数里内。今去郡城约三十里,迁筑之日未知何代,吾安知数百年之后不更改卜于是耶,人世推迁,何常之有。"迄至于今,田野考古学者还发现不少传说和谚语,类如"先有木渎镇,后有苏州城"、"先有长岗浪,后有苏州城"、"拿下白鹤顶,败了苏州城"等,佐证了这一说法。

在其他文献记载中,也可看到吴大城在今木渎一带的证据。

先从吴大城外来说。《左传·哀公十七年》说:"三月,越子伐吴,吴子御之笠泽,夹水而阵。"《吴郡志》卷八记胥门外有越城,"越伐吴,吴王在姑苏,越筑此城,以逼之,城堞仿佛具在。"越城遗址在今石湖东岸,所逼之"姑苏",指姑苏台,正在对岸,即今越来溪西横山一线之后。如果吴大城在今苏州城,则不可能于此相持。又,《国语·吴语》记伍子胥将死,留下遗言:"以悬吾目于东门,以见越之入,吴国之亡也。"《史记·吴太伯世家》亦记子胥将死,遗言曰:"树吾墓上以梓,令可为器;抉吾眼置之吴东门,以观越之灭吴也。"《史记正义·吴太伯世家》引《吴俗传》:"子胥亡后,越从松江北开渠至横山东北,筑城伐吴,子胥乃与越军梦,令从东南入,破吴。"越军自"东南入",那吴大城必在越来溪西,"悬吾目于东门"才说得通。又,《吴郡志》卷五十引《吴地记》:"阖闾十年,国东有夷人侵逼吴境,吴王大惊,令所司点军。王乃宴会亲行,平明出城十里,顿军憩歇,今憩桥是也。王曰:'进军。'所司又奏:'食时已至,令临顿。'吴军宴设之处,今临顿是也。"憩桥、临顿均在今苏州城内,如果"出城十里",惟吴大城在横山之西才合符,如果大军尚未出城,就要憩歇、临顿,岂非笑话。

再从吴大城内来说。据《国语·吴语》记载，吴王夫差十四年，"越王勾践乃率中军泝江以袭吴，入其郛，焚其姑苏，徙其大舟"。韦昭注："郛，郭也。""大舟，王舟；徙，取也。"则姑苏台在郭内；"大舟"当在太湖近岸，则其郭临湖也。吴王夫差二十三年，"越师遂入吴国，围王台"。韦昭注："王台，姑苏。"又证以姑苏台在郭内。《越绝书·外传记吴地传》说阖闾"以游姑胥之台，以望太湖，中阙百姓"，"中阙百姓"则又得一证。同书又说："阖庐之时，大霸，筑吴越城。城中有小城二，徙治胥山。"又《太平御览》卷四百八十六引《吴越春秋》："越伐吴，吴王率其贤良投于胥山，越兵大至，围吴三重。"则胥山在郭内，山有小城，曾徙治于此。《越绝书·外传记吴地传》又说："放山者，在莋碓山南，以取长之。莋碓山下，故有乡名莋邑。吴王恶其名，内郭中，名通陵乡。"莋碓山即今狮子山，则狮子山南一带亦在郭内。《吴郡志》卷十五引《枕中记》："吴西界有华山，可以度难。"则华山亦当在郭内。

更重要的是，今苏州城平面呈矩形，规制整齐，但在汉之前，并无如此中规中矩的礼仪性城市。《周礼·夏官司马》说："掌固，掌修城郭、沟池、树渠之固。""若造都邑民，则治其固，与其守法。凡国都之竟，有沟树之固，郊亦如之，民皆有职焉。若有山川，则因之。"《管子·乘马》也说："凡立国都，非于大山之下，必于广川之上，高毋近旱而水用足，下毋近水而沟防省。因天材，就地利，故城郭不必中规矩，道路不必中准绳。"吕思勉《先秦史》第十三章提到当时城郭制度时说："城版筑所成，城之外为郭，亦曰郛，则依山川形势为之，非如城之四面有墙也。"吴大城即呈不规则形，据《越绝书·外传记吴地传》记载，"吴大城，周四十七里二百一十步二尺。陆门八，其二有楼。水门八。南面十里四十二步五尺，西面七里百一十二步三尺，北面八里二百二十六步三尺，东面十一里七十九步一尺。阖庐所造也。吴郭周六十八里六十步"。郭中有吴小城、东宫、路西宫、伍子胥城。"吴小城周十二里，其下广二丈七尺，高四丈七尺。门三，皆有楼，其二增水门二，其一有楼，一增柴路"。"东宫周一里二百七十步。路西宫在长秋，周一里二十六步"。"伍子胥城，周九里二百七十步"。这种形式，合乎春秋都城的一般规律。

再从今苏州城内的考古发掘来说，自上世纪五十年代以来，各段城墙都发现夯土层，出土墓葬和器物，当是早期城墙的建筑遗迹，但其年代不早于东汉。惟二〇〇五年发掘平门一段城墙时有意外发现，出土战国遗址一处、汉代夯土

灵岩山前 摄于一九一〇年代

城墙一段、六朝墓葬两座。《平四路垃圾中转站抢救性发掘简报》说:"发现汉代城墙叠压战国时期的黄土层,后经进一步发掘,发现黄土城下有夯窝现象,在黄土层下发现战国时代的器物,其下为生土。"器物为黑皮陶罐,矮直颈,肩有双贯耳,底有三乳足,明显带有战国时代的特征。在其上层出土"一些几何印纹陶片、红褐色夹砂陶片、黑皮软陶及原始瓷片。几何印纹陶中的麻布纹,规整的小窗格纹、小席纹以及黑皮软陶的出现等都是春秋战国时代的特征,这几层人工堆筑的层位应属战国春秋时期"。这一发现固然很重要,但这仅是一个点,应该是远离都城的军事性堡垒,或贵族集团的副食品基地,或居民聚落所在,汉代筑城时利用了这段夯土堆筑。

一九八九年,苏州博物馆钱公麟在《东南文化》第四、五期合刊发表《春秋时代吴大城位置新考》,这是第一次综合文献记载和实地考察对吴大城坐落在今木渎一带的推论。首先,钱公麟对《越绝书》和今本《吴越春秋》的性质作了分析,认同陈桥驿等学者的观点,即今本《吴越春秋》依傍《越绝书》,《越绝书》则是东汉人辑录增补战国人的著作,保留了一些接近吴大城原貌的材料。其次,梳理了《越绝书》关于城郭的记载,认为与"现在的苏州城并非是同城"。其三,推演了《吴郡图经续记》中"流俗或传吴之故都在馆娃宫侧"这句话的延伸意义,"在这一带,如以灵岩山为起点,依顺时针走向次第有金山、何山、狮子山、索山、横山、横塘、走狗塘、荷花荡、上方山、七子山、尧峰山、清明山、胥口、香山、穹窿山、五峰山,滨太湖,扼要冲,山环水抱,形成一处环状的半封闭式的天然屏障"。其内围长度与《越绝书·外传吴地传》说的"吴郭周六十八里六十步"相吻合。他的结论是,灵岩、姑苏、胥山之间的盆地,土地广阔而平坦,交通便利,可以四达,内受三个制高点的控制,外有天然屏障即郭的保护,很有可能就是吴大城所在。

二十年后,钱公麟的推论得到了验证。二〇〇九年,中国社会科学院考古研究所、苏州市考古研究所在这一地区进行考古调查和发掘,证实在木渎一带的山间盆地内,存在着一座春秋时期具有都城性质的大型古城。

木渎春秋大城遗址，正在灵岩山、大焦山、天平山、天池山、五峰山、砚石山、穹窿山、香山、胥山、尧峰山、七子山等山脉所围成的盆地内，总面积约二十四平方公里。考古确认了南北两处城墙、南北两处水门遗迹、部分城内外水系、小城、土墩，以及多处商周时期遗址。这座大城依托自然而建，山水环绕，面积广袤。在城址之外的更大范围内，分布着众多不同规模的聚落和不同等级的墓葬，构成了以都邑为中心的聚落群体。

大城遗址呈不规则状，城墙大致沿盆地边缘分布。南北两道城墙相距约六千七百二十八米，城墙外侧均有城壕，经由水门连通城内外水道。

南城墙在今胥口新峰村一带，坐落胥山和尧峰山间山口的北侧。城墙总体呈东西走向，总长约五百六十米，现存宽度十五至四十五米。西侧有一豁口，两侧城墙分别向南延伸，城墙北侧有城壕，总长约八百五十五米。城壕西侧部分呈南北向，或许由南通向太湖。这些遗存构成"两墙夹一河"的布局。河道内堆积层中，出土有印纹陶片、瓦片、铜镞、原始瓷碗、陶钵、木构件等，使用年代为春秋后期。从布局结构来看，城墙、人类活动面和古河道三种遗存位置相近，走向一致，彼此有着密切的联系，构成一组同时期修建、功能密切相关的遗存，可以初步推断为水门遗迹。

北城墙在五峰山、大焦山之间的山坳中。城墙呈曲尺形，东南侧起自狮子口山下，向西略偏北方向延伸，又折向西，一直向五峰山延伸，总长约一千一百五十米，宽度在二十米至二十六米，高于地面约零点五至三米。城墙外侧（北侧和东侧）分布着一周城壕，城壕与城墙走向一致，平均宽度约十五米左右，总长约一千零五十米。在城墙堆筑层中出土的陶片、石器等，最晚属战国时期。在城墙叠压的地层中出土云雷印纹陶片，表明这段城墙的建造年代不会早于春秋晚期。

大城的水系，除了南城墙水门遗迹外，在北城墙的两处豁口也发现古河道遗迹，且河道入城后，均沿原有方向继续延伸。在新峰段城墙东南还发现大片自然水面，北侧与城墙

灵岩山前　摄于一九〇〇年代

天平山前 摄于一九〇〇年代

平齐,南侧或通向太湖。这一发现,为考察大城选址的自然因素提供了依据。

小城遗址在香山东麓,坐落胥口合丰村的仇家村和下场村两个自然村,故今称合丰小城。小城大致呈抹角长方形,南北长约四百三十米,东西宽约四百六十米,面积约十九万平方米。小城北侧和东侧地面上仍存在部分长条形土墩,应该是城墙的残留,总长约六百米。城墙外侧有宽约十米、深约二米的壕堑环绕。结合以往的考古发掘,推断小城的始建年代,约在西周后期至春秋早期。

大城遗址内,尚存土墩遗址二百三十五处,较集中地分布在五峰、新峰、廖里、合丰等地。土墩形状不一,高度不一。在不少土墩堆积中采集到春秋后期至战国的几何印纹陶片、原始瓷片等,结合南水门河道出土的板瓦残片、木构件等,可认定城内有春秋后期至战国的大型建筑基址。

经考古发掘,发现大量汉墓,部分已作清理。这些墓葬的年代,自西汉早期延续到西汉晚期,有成对并穴合葬,墓葬方向有南北向、东西向,东西向多于南北向,随葬品的陶器,基本组合为壶、罐,也有单独随葬小陶壶的现象。这些汉墓的发现,说明这座古城至西汉晚期仍较繁荣,人口密集,氏族制度完善,还有相当的市场交易频率。

二〇一一年至二〇一四年,中国社会科学院考古研究所、苏州市考古研究所的联合考古队,继续对木渎大城进行考古发掘和调查。据《考古学报》二〇一六年第二期《苏州木渎古城二〇一一——二〇一四年考古报告》介绍,历经数年,对大城的范围、年代、布局、性质等有了更明晰的认识。

大城坐落山间盆地,北侧为灵岩山、大焦山、狮子山、权枪岭、五峰山、博士岭、王马山等组成的"几"字形山地,西侧为穹窿山、香山,南侧为清明山,东侧为尧峰山、凤凰山、七子山、上方山等。城址四围山势陡峭,构成天然屏障,仅能通过五处山口与外界沟通。五处山口,除西北侧的藏书镇山口未进行考古勘探外,其余山口均发现城墙或小型城址等防御设施。在西南侧香山和清明山之间是胥口,胥江由此山口经过,外通太湖,横穿城址,而清明山南麓发现的千年寺小城,正扼此要津;在东南侧清明山和尧峰山之间的山口内侧,即为新峰城墙所在;在东侧越来溪两岸,有吴城、越城夹河相持;在北侧的五峰城墙,则横亘五峰山和权枪岭之间的山口。因此,大城有可能未构筑完整的城墙,而是利用山口构筑防御设施,以周边的山体为天然城墙,从而形成较完备的防御体系。在大城周边发现一定数量的战国遗存,特别是千年寺小城,显示了它在当时的拱卫作用。城外西北隅的善山战国墓,出土器物具有鲜明的楚文化特征,可能与楚灭越有一定关系,同时证明大城在战国晚期仍在延续。大城内遗存分布呈现聚落散居的特点,遗存较集中地分布在五峰、新峰、合丰、廖里四处,而城址的其他区域,则极少发现同时期的遗存。大城内外,发现大量西汉墓葬,至今尚未发现东汉墓葬,这说明西汉时期大城的鼎盛,而大城的沿袭,一直要到西汉晚期。

综上所述,合丰小城乃西周晚期至春秋早期的高等级遗存,则在寿梦之前,那里已有吴人聚落。至寿梦徙都,以此为城邑,即《图经》所谓"吴王寿梦故城在胥湖口"之说。至阖闾时代,出现更大规模的城址,即木渎吴大城,按《越绝书·外传记吴地传》说的"阖庐之时,大霸,筑吴越城。城中有小城二,徙治胥山",则整个大城呈"西城东郭"格局。许宏《大都无城》引杨宽语:"西周初期的东都成周,开创了西面小城连接东面大郭的布局。这种西城东郭的制度,是以西方为上位而东向的'坐西朝东'礼制在都城规划上的反映,后来不但被春秋战国时代中原各诸侯国先后采用,而且也被秦都咸阳和西汉都城长安沿袭下来。"公元前四七三年,越灭吴。公元前三七九年,越王翳徙吴,为越国都城。公元前三三三年,楚灭越。公元前二四八年,春申君徙封于吴,《史记·春申君列传》说:"因城故吴墟,以自为都邑。"公元前二二二年,秦王政使王翦平定楚江南地,置会稽郡,《史记正义·黥布列传》说:"时会稽郡所理在吴阖闾城中。"由此直至西汉晚期。也就是说,在胥口、木渎一带的吴国都城,前后持续约六百年。

狮子山前　摄于一九二〇年代

故都遗迹寻踪

吴大城内的宫室苑囿之建,最早是在寿梦时代。据《吴地记》记载,"夏驾湖,寿梦盛夏乘驾纳凉之处,凿湖池,置苑囿"。洪武《苏州府志》卷二说:"夏驾山,在县西四十里。"夏驾湖亦当在其近处。夏驾者,当指夏禹之所驾临也,并非"盛夏乘驾"。上元县、上虞县亦有夏驾湖,出典在此。其后地名随迁,移指苏州西城下一段运河,正德《姑苏志》卷三十三说:"今城下犹存外濠,有湾亦名夏驾,连运河而水浸广,旧产菱芡。今多堙为民居,其半在城内者为民田,惟二水汇处,犹称旧名。"

阖闾登祚后,既勤政,又节俭。《左传·哀公元年》说:"昔阖庐食不二味,居不重席,室不崇坛,器不彤镂,宫室不观,舟车不饰,衣服财用,择不取费。"然而至其晚年,作风一变,《越绝书·外传记吴地传》说,阖闾"秋冬治城中,春夏治姑苏之台。且食于纽山,昼游于胥母。射于躯陂,驰于游台,兴乐□越,走犬长洲"。任昉《述异记》卷下说:"木兰川在浔阳江中,多木兰树。昔吴王阖闾植木兰于此,用构宫殿也。"

欈李之战,阖闾阵亡,夫差继位。《国语·楚语下》记蓝尹亹有云:"今吾闻夫差好罢民力以成私好,纵过而翳谏,一夕之宿,台榭陂池必成,六畜玩好必从。"其败越夫椒后,勾践偕大夫范蠡来吴为质臣三年,夫差释怀放归。勾践回国后,一方面发展生产,收揽民心;另一方面阴谋亡吴,《越绝书·内经九术》具体为文种的亡吴九术。九术之一就是"遗之巧匠,使起宫室高台,尽其财,疲其力",勾践称善,"于是作为策楣,婴以白璧,镂以黄金,类龙蛇而行者,乃使大夫种献之于吴"。夫差大喜,"遂受之而起姑胥台,三年聚财,五年乃成,高见二百里,行路之人,道死尸哭"。当时越国运来的木材,堆满了建筑工地附近的河道,木渎之名,即由此而来。夫差建造的宫室园囿,亦远不止姑苏台一处。

　　姑苏台,亦作姑胥台,阖闾时起造,夫差时更有增筑。《吴郡志》卷八引《吴地记》:"吴王阖庐十一年起台于姑苏山,因山为名,西南去国三十五里。夫差复高而饰之。越伐吴,遂见焚。"又云:"阖庐十年筑,经五年始成,高三百丈,望见三百里,造曲路以登临。"可见姑苏台起建于公元前五〇五年或五〇四年。任昉《述异记》卷上夸饰地说:"吴王夫差筑姑苏之台,三年乃成,周旋诘屈,横亘五里,崇饰土木,殚耗人力。宫妓数千人,上别立春宵宫,为长夜之饮,造千石酒锺。夫差作天池,池中造青龙舟,舟中盛陈妓乐,日与西施为水嬉。吴王于宫中作海灵馆、馆娃阁,铜沟玉槛,宫之楹槛,皆珠玉饰之。"《越绝书·外传记地传》记越灭吴后,"徙治姑胥台"。至秦汉时尚存遗制,同书记秦始皇"因奏吴,上姑苏台"。《史记·河渠书》太史公自述:"上姑苏,望五湖。"至唐人来游,则已荒芜久了。

　　姑苏台究竟坐落何处,至少有三说,一说在姑苏山,一说在茶磨屿,一说在胥山。前两说实质一也,《木渎小志》卷一说:"姑苏台所在,人言人殊,惟宋崔鷃《姑苏台赋》云:'其东吴城,射台巍巍;其西胥山,九曲之逶。'盖是台本在横山绝顶,于左右望适中,由此西下姑胥,东下楞伽,诸峰峦皆得以姑苏统之。但旧道从西上(自夫差庙登山),宋以后游人多自东来(自百花洲登山),微有不同耳。"台在胥山说,则来得比较合理。《国语·越语下》说:"吴王帅其贤良与其重禄,以上姑苏。"韦昭注:"姑苏,宫之台也,在吴阊门外,近湖。"台既近湖,则当在胥山。《水经注·沔水》称胥山"下有九折路,南出太湖,阖闾造,以游姑胥之台,以望太湖也"。金友理《太湖备考》卷二也说:"由诸书观之,曰'望太湖',曰'高见三百里',曰'在县西三十五里',皆与胥山合,姑苏台当在此山。又《渎上编》载顾龙光《皋峰纪略》云:'峰之尾直抵胥口。'吴王游姑苏之台,正此山也。尧峰麓小紫石山亦名姑苏台,然云高见三百里,则必以皋峰为正。按胥山连皋峰,筑台亦必相属。《洞冥记》所云'横亘五里'也,紫石山无此广袤。"皋峰在胥山东南,实相连也。据说,民国时山顶尚存有石筑基址。顾颉刚《苏州史志笔记补遗》也认为姑苏台应该在胥山一带。

館建宮遺址 攝于一九一〇年代

馆娃宫，在灵岩山。娃者，吴俗之称美女也；馆者，止宿也。馆娃即美女所居，或谓藏美之所亦可。相传馆娃宫乃夫差为西施而建，《吴地记》说："东二里有馆娃宫，吴人呼西施作娃，夫差置，今灵岩山是也。"《吴郡图经续记》卷中说："山顶有三池，曰月池，曰研池，曰玩华池，虽旱不竭，其中有水葵甚美，盖吴时所凿也。山上旧传有琴台，又有响屧廊，或曰鸣屦廊，以楩梓藉其地，西子行则有声，故以名云。下有石室，今存，俗传吴王囚范蠡之地。"又有香水溪，任昉《述异记》卷上说："吴故宫亦有香水溪，俗云西施浴处，人呼为脂粉塘。吴王宫人濯妆于此，溪上源至今馨香。古诗云：'安得香水泉，濯郎衣上尘。'"

南宫，在香山一带，今有南宫塘。洪武《苏州府志》卷四十三说："南宫乡，在吴县界，亦吴王离宫。今小院岭南尚有两石门臼，宛然相对，正在断浜尽处。""小院岭"一作小苑岭。《太湖备考》卷十六说："万历己丑，自五月不雨，至七月，太湖胥口去岸数里皆涸，中露一石桥，九洞，上石栏亦有存者；又得石台于土中，特阙其一足，此地于何时沈水底耶（《续吴录》）。按，此疑即吴王故城所谓南宫者。"

长洲苑，为阖闾游猎之场。《太平寰宇记》卷九十七说："长洲苑，在县西南七十里。孟康曰：'以江水洲为苑也。'"《艺文类聚》卷六十六引《吴地记》："长洲

仿沈周山水册·姑苏台　吴湖帆绘

仿沈周山水册·馆娃宫　吴湖帆绘

仿沈周山水册·长洲苑　吴湖帆绘　　　　　仿沈周山水册·采香径　吴湖帆绘

在姑苏南、太湖北岸，阖闾所游猎处也。吴先主使徐详至魏，魏太祖谓详曰：'孤愿越横江之津，与孙将军游姑苏之上，猎长洲之苑，吾志足矣。'"长洲苑在太湖北，为水中之洲，其址在今横泾、浦庄一带。唐万岁通天元年析吴县东隅置长洲县，以长洲为名，但非长洲苑故处。

吴宫，在甪直。彭方周《吴郡甫里志》卷十六说："阖闾浦，即阖闾离宫也，在甫里西南，一名合塘，为苏松水路之要津。"陆龟蒙居甫里，有作《问吴宫辞》，小序说："甫里之乡曰吴宫，在长洲苑东南五十里，非夫差所幸之别馆耶？披图籍不见其说，询故老不得其地，其名存，其迹灭，怅然兴怀古之思。"吴宫里有梧桐园，任昉《述异记》卷下说："梧桐园在吴宫，本吴王夫差旧园也，一名鸣琴川。"其址约在甫里塘北的枫庄。"螳螂捕蝉，黄雀在后"的故事就发生在梧桐园里。另外，古诗"梧宫秋，吴王愁"，更是情景交融的名篇，高启依其意，作《梧桐园》咏道："桐花香，桐叶冷。生宫园，覆宫井。雨滴夜，风惊秋。凤不来，君王愁。"梧桐园在历史文献里是一个独立的古迹。

宴宫，在石湖东北，与郊台隔水相对。《石湖志》卷二说："相传吴王郊天毕，则率群臣宴会于此，故曰宴宫。今其遗址在新郭市心十六图道字圩，地形坡陀而上，谓之塘北，北塘南特高丈许，广百馀亩。今称宴宫里，市人接栋而居矣。"

吴城，在越来溪西横山下。因其平面呈鱼形，讹作吴王养鱼之城。《石湖志》卷二说:"鱼城,在酒城北,越来溪上,相传吴王养鱼处。今田间多有高阜,或断或续,是其遗迹也。"宋元人已指其谬,朱长文《吴郡图经续记》卷下说:"盖吴王控越之地,宜为吴城,谓之鱼城,误也。横山之旁,冈势如城郭状,今犹隐隐然。"高德基《平江记事》也说:"太伯有国,自号句吴。说者云,句,语辞,吴音也;吴者,虞也。太伯于此,以虞志也。越灭吴,子孙以国为氏,今吴中吴氏甚多,而语音呼鱼为吴,卒以横山下古吴城为鱼城。方言以讹传讹,有如是者。"吴城依山而筑,与石湖之东的越城隔水相持。吴城之绵长当横亘横山至茶磨屿南北,今仅存茶磨屿一段,夯土城墙残高四米有馀,绵延三百多米,面积约二万平方米,部分夯实在山凹中,夯层、夯窝清晰。

越城,又称越王城、勾践城,在越来溪东。越伐吴,筑此城屯兵,以逼吴城。《吴郡图经续记》卷下记新郭"或曰越王城亦在焉,盖此地吴越之所控守也。"至南宋时尚雉堞宛然,周必大《乾道壬辰南归录》说:"前越王勾践由此攻吴,今号越来溪,溪上筑城,与吴夫差夹溪相持。"城之遗址,东西长约三百米,南北宽约二百米,周长约一公里,整个平面呈椭圆形。残存城墙,南段宽二三十米,高三四米;北段宽三四十米,高四五米。北段均为黄土,可以清晰地看出堆夯剖面,夯土层次则不明显。

酒城,俗称苦酒城,在越来溪西横山下。《太平御览》卷八百六十六引《吴录·地理志》:"吴王筑城,以贮醯醢,今俗人呼苦酒城。"醯醢是带汁的肉酱,何以讹为苦酒,则不得解。《吴郡志》卷八引《吴地记》:"苦酒城,在鱼城之西南。有故城,长老云筑以酿酒,今俗人呼为苦酒城。"苦酒是醋的别称,然《吴地记》别记有酒醋城,"在胥门西南三里",若然是酒城,何以讹称苦酒城,则又不得解。抑"苦"乃"古"之误,则高启为是,其有《古酒城》诗云:"酒城应与酒泉通,长夜君王在醉中。兵入馆娃犹未醒,越人宜赏骧夫功。"

郊台,在茶磨屿之南,其形如椅,相传为吴王郊祭拜天之处,俗称拜郊台。洪武《苏州府志》卷四十三说:"郊台,在横山东麓,下临石湖,坛壝之形俨然。相传吴僭王号时,尝郊祭于此。"今存巨石,方整若印,近人李根源题"郊台"两字。

射台,为吴王习射之台,久失其所在。《越绝书·外传记吴地传》说:"射台二,一在华池昌里,一在安阳里。"《吴郡图经续记》卷下说:"又有射台亦在横山。"或即其一。任昉《述异记》卷上说:"吴王射堂,堂之柱础皆如伏龟,袁宏《宫赋》曰'海龟之础'是也。"

夫差庙，旧时江浙间皆有之，以在姑苏山东北麓者最著名。《吴地记》说："郭西二里有夫差庙，拆姑苏台造。"陈羽《夫差庙》有"姑苏台畔千年木，刻作夫差庙里神"之咏。庙至民国初年尚存，李根源《吴郡西山访古记》卷一说："渡河左岸，有姑苏庙，在田沟村东端，殿宇卑陋，塑神像奇诞不经，非夫差像。"此姑苏庙即夫差庙。

炙鱼桥，即中和桥，跨南宫塘。今本《吴越春秋·王僚使公子光传》记伍子胥荐专诸于公子光，密谋刺杀吴王僚，专诸问吴王有何嗜好，公子光答："好嗜鱼之炙也。""专诸乃去，从太湖学炙鱼。三月得其味，安坐待公子命之。"徐崧先《香山小志·古迹》说："今炙鱼桥去南宫不半里，俗呼捉鱼桥。"

百花洲，其址不可确考，约在石湖茶磨屿北。杨维桢《游石湖记》说："朝步自鹊桥，过百花洲，登姑苏台。"华钥《吴中胜记》说："岭之南曰大尖墩，登而望之，左田万顷，石湖平洼如掌，僧指旁曲稍远者为百花洲。"或说即是莲塘，即石湖荷花荡。

走狗塘，与荷花荡相接，俗称南塘河。《吴郡图经续记》卷下说："鸡陂墟者，畜鸡之所；豨巷者，畜豨之处；走狗塘者，田猎之地也，皆吴王旧迹。"正德《姑苏志》卷十说："胥口之水，自胥口桥东行九里，转入东西醋坊桥，曰木渎，香水溪在焉。又东入跨塘桥，与越来溪会，曰横塘。由跨塘桥折而南为走狗塘，荷花荡在焉。"

采香泾，又称箭泾，北起灵岩山前香水溪，南接香山嘴河，在津桥附近入胥江。《吴郡志》卷八说："采香泾，在香山之傍小溪也，吴王种香于香山，使美人泛舟于溪以采香。今自灵岩山望之，一水直如矢，故俗又名箭泾。"

香山，在穹窿之南。《吴郡志》卷十五说："香山、胥口相直，吴王种香于此山，遣美人采香焉，傍有山溪名采香径。"其山麓即南宫所在。山北有上园、下园，即大晏岭、小晏岭，相传均为吴王种花处。

校场山，在香山，山无定名，因跨唐墓、蒋墩两村，各就其村名山，又称小娘山，"校场"之音讹也。相传即孙武教宫女习战、斩吴王两宠姬之处，事见《史记·孙子吴起列传》。因孙武其人既不见于先秦典籍，其所论兵又不合春秋制度，且《史记》所记也前后矛盾，故梅圣俞、叶适等对有无孙武其人、《孙子兵法》作于何时，都存有疑问。直到一九七二年临淄银雀山汉墓出土《孙子兵法》竹简，此事方真相大白，《用间篇》有"燕之兴也，苏秦在齐"诸语，足证此书系战国时人所作。由于《史记》的记载,特别是讲史、说话、戏曲的传播,孙武故事家喻户晓,假古董自然也很多。校场山有吴王庙,又称二妃庙或爱姬祠。屈复《苏州古迹三十九首·吴王庙》题注:"庙在香山南址,貌二妃侍侧。相传即孙武所诛二队长也,又曰爱姬祠。"

郑旦墓,在法华山西南黄茅山。徐嵩先《香山小志·坟墓》说:"周吴王阖闾妃墓,在黄茅山。道光间先大父芝峰公清明游法华山,得断碣两块,一'郑'字缺其半,一'旦'字完好,笔致古朴,类古篆。《太湖备考》'黄茅山有吴王爱姬墓',即此。"先秦典籍无郑旦其人,始见《越绝书·外传记地传》,越有美人宫,"勾践所习教美女西施、郑旦宫台也。女出于苎萝山,欲献于吴,自谓东垂僻陋,恐女朴鄙,故近大道居";《内经九术》说:"越乃饰美女西施、郑旦,使大夫种献之于吴王。"所谓郑旦墓,当亦是好事者做的假古董。

胥山,在胥口上。其得名本与伍子胥无关,《水经注·沔水》引虞氏曰:"松江北去吴国五十里,江侧有丞、胥二山,山各有庙。鲁哀公十三年,越使二大夫畴无馀、讴阳等伐吴,吴人败之,获二大夫,大夫死,故立庙于山上,号曰丞、胥二王也。胥山上今有坛石,长老云,胥神所治也。"由于《史记·伍子胥列传》记子胥死后,"吴人怜之,为立祠于江上,因命曰胥山",后世皆因循《史记》之说。枚乘《七发》更称其为"伍子之山"。《震泽编》卷一引《洞庭实录》:"子胥于此得鱣设诸以见吴王,后隐胥山,故名。"故胥山有庙祭子胥,乾隆《吴县志》卷八十二说:"自汉以来,皆祭子胥于此。宋元嘉二年,吴令谢询移庙城中,岁久迷其处。宋乾道间复建是庙。"历代屡修,陈瑚《吴相伍公庙碑记》说:"今去郡西三十里,地入太湖,名胥口者,即其处。祠尚存,而祠前古墓,松桧参差,相传以为公葬其下。"所谓子胥墓,即"吴相国伍公鸱夷藏处",在庙中正殿前,乱石堆叠,上有梓树两株,《史记》记子胥遗言:"必树吾墓以梓,令可以为器。"但《左传·哀公十一年》则记曰:"树吾墓槚,槚可材也。"应该是楸树而不是梓树。

洞庭两山亦多春秋古迹,《震泽编》卷二举有"故国之墟十":"一曰马城,在神景观西一百馀步,吴王阖闾于此筑城养马,下有饮马泉。二曰鹿城,去马城不远,周围五里,墙壁峻险,阖闾于此蓫鹿,下有池,水旱自若。三曰马税城,在登高坛南二百步,马税为梁左金吾将军,梁祚,将屯军于此,陈帝伐之,积水溺城,至今存焉。四曰可盘湾,在五女坟东四里,吴王游湖,以险阻为畏,军且不可渡,于此眺望，曰：'此亦可盘桓也。'故名。五曰明月湾，在石公山西二里，有大明湾、小明湾，吴王尝玩月于此。或曰以湖堤环抱如月耳。六曰消夏湾，一名消暑湾，在明月湾西、缥缈峰之南，吴王阖闾避暑于此。湾深九里，口阔三里，其湾多渔而产菱芡，人家百馀，咸衣食之。淳祐初，赵节斋于此种柑橘，名千株园。七曰练渎，在鸿鹤山西二里，南入平湖，北通官渎，旧传吴王开以练兵，王充《论衡》曰：'阖闾尝试士于五湖之侧，加刃于肩，血流至地。'盖此地也。或曰以水色如练带耳。以上西洞庭。八曰虎山，《洞庭记》云，吴王于此山筑穽养虎，因名。后避唐讳，曰武山。九曰射鹘山，旁有鸡山，《洞庭记》云，昔吴王于此山筑城养鸡，有鹘下山驱鸡，王令人射之，血滴石，今尚赤。十曰厩里，吴王养马于此。以上东洞庭。"此外，相传西山有吴王水精宫，任昉《述异记》卷上说："阖闾构水精宫，尤极珍怪，皆出自水府。"还有越大夫诸稽郢墓，王维德《林屋民风》卷六说："春秋越大夫诸暨郢墓，在消夏湾诸家河，今名陆家河，傍有诸姓数十家，其子姓也，有石碣尚存。"光绪十三年用头巡检暴式昭重修，俞樾题碑。东山则有烟火墩，《太湖备考》卷十六说："翠峰之左，有山如屏而耸照者，曰烟火墩，顶筑方土，横阔一丈许，相传吴王所筑以瞭越者，东山遗迹，此为最古。"又据陈玉璂《七十二峰记》记载，湖上诸峰中，"有传夫差置男女二狱于其地者，曰东狱，曰西狱"，"又有传夫差设粥饲囚处者，曰粥"。另外，光福虎山也相传为吴王养虎处，在此就不一一细说了。

　　吴国贵族都实行厚葬，虽然记述有所夸饰，但想来不会全无依据。如任昉《述异记》卷上记阖闾夫人墓，"周回八里，别馆洞房，迤逦相属，漆灯照烂如日月焉。尤异者，金蚕玉燕各千馀双"。今本《吴越春秋·阖闾内传》记阖闾小女胜玉墓，"凿池积土，文石为椁，题凑为中，金鼎玉杯，银樽珠襦之宝，皆以送女"。但工程最巨、规模最大的，当然是阖闾自己的墓。相传阖闾墓在虎丘剑池下，《吴地记》说："阖闾葬此山中，发五郡人作冢，铜椁三重，水银灌体，金银为坑。"《吴郡志》卷十六则说："剑池，吴王阖庐葬其下，以扁诸、鱼肠等剑三千殉焉，故以剑名池。葬之三日，有白虎踞其上，故山名虎丘。"《述异记》卷上还记阖闾墓中有石铭曰："吴王之夜室也。呜呼！平吾君王，弃吾之邦，迁于重岗，维岗之阳，吾王之邦。"当然是谁也不知道的事。剑池两崖划开、中涵石泉的幽深景观，传说是秦始皇凿石求剑时形成的，故李岘《剑池》咏道："阖闾葬日劳人力，嬴政穿来役鬼工。澄碧尚疑神物在，等闲雷雨起潭中。"

吴大城内外，还有阖闾宫、美女宫、居东城、櫂溪城、巫欐城等。环郭至鄙，散置着吴国贵族的庄田和副食品基地，如大畻、胥主畻、野鹿陂、鸭城、豨巷、豆园、鸡陂、鹿陂、鹿园、冰室、酒醋城、储城、麋湖城等。

吴败于越，越败于楚，至春申君黄歇守吴，在吴宫废墟重建殿台。文献记载的个体或群体建筑，有黄堂、桃夏宫等。《太平御览》卷九百二十二引《吴地记》："春申君都吴宫，因加巧饰。春申死，吏烛燕窟失火，遂焚。"《太平寰宇记》卷九十一引《郡国志》："今太守所居屋，即春申君之子假君之殿也，因子失火故，涂以雌黄，故曰黄堂。"在厅事墙上涂以雌黄，乃辟厌手段，以避火灾。延至后世，天下郡治正厅，皆称黄堂。《越绝书·外传记吴地传》说："今太守舍者，春申君所造，后壁屋以为桃夏宫。"此外还有"春申君子假君宫"、"吴两仓"、"吴市"、"吴诸里大闬"、"吴狱庭"、"楚门"等，都在这座大城里。难怪司马迁《史记·春申君传》要说："吾适楚，观春申君故城，宫室盛矣哉。"又，《汉书·朱买臣传》记买臣微时，"好读书，不治产业，常艾薪樵，卖以给食，担束薪，行且诵书。其妻亦负戴相随，数止买臣毋歌呕道中。买臣愈益疾歌，妻羞之，求去"。及买臣拜会稽太守，走马上任，"入吴界，见其故妻、妻夫治道。买臣驻车，呼令后车载其夫妻，到太守舍，置园中，给食之，居一月，妻自经死。买臣乞其夫钱，令葬"。这个故事也发生在那里。

虎丘剑池　摄于一九一〇年代

最早的礼制性大城

一九九〇年,钱公麟在《东南文化》第四期发表《论苏州城最早建于汉代》,分析了苏州城内外的考古材料,提出今苏州城建于汉代的观点。随着木渎大城的发现,更明确了今苏州城的起建时代,应该不早于西汉晚期。新城既建,旧城可弃,与木渎大城的历史相衔接。

汉代之前,今苏州城内外的高地上就有吴人聚落,留下了他们的生活痕迹。在十全街发现新石器时代的石斧、砺石、几何印纹陶片、黑皮陶片,在大公园、平门、蒋园等均发现几何印纹陶,在葑门内程桥、新苏丝织厂均发现春秋战国青铜器。战国遗存相对较多,如振亚丝织厂汉城墙叠压战国灰坑,建文印刷厂发现战国井,金粉厂发现战国陶豆、陶罐,城外也有战国遗存分布,主要集中在山麓的冲积扇地带,如西塘河遗址,南北长二公里,发现二百余口战国井和大量战国墓。钱公麟认为,"战国时代,聚落开始云集到现苏州城范围一带,其中不仅包含着从西部迁徙过来的聚落,而且原在东南部沿湖河旁分布的聚落也向西、北推进,人口的相对集中,无疑对此地的经济发展起着推动作用。应该说,这些聚落的相对集中,便是以后苏州城出现的基础。"经过对城墙遗址的考察,"有些遗址仅因为城濠的出现,使原来一个完整的遗址被切断为城内和城外分开的两个部分,这说明,战国时期苏州尚未建筑城墙"。

汉代以后,在今苏州留下的遗址和器物面广量大。就城门来说,相门水门的基础中未发现早于汉代的器物,对基础木材分别取样进行放射性碳素断代测定,结果都是汉代,与同时出土的筒瓦、板瓦、陶片的时代一致。盘门水门内,底部石块的堆积方法,与相门水门的石墙一致,连石材亦相同,均为砂岩,略泛红色。就城墙来说,盘门段城墙发现汉陶片,阊门段城墙发现汉双耳弦纹硬陶罐,平门段城墙发现东汉墓、汉铜斧、铜灯、铜焦斗、铜镜、耳杯、五铢钱,齐门段城墙发现汉陶罐、陶瓮、残铜弩机。各段城墙都发现夯土层,但其年代不早于东汉。当时造城,仍采用春秋时期因地制宜的方法,充分利用原有的高地土墩,稍加平整或增筑,在没有高地土墩相连处,则以版筑而成的夯土墙加以连接。就城内来看,在汉代文化层中发现五铢钱、筒瓦、板瓦、卷云纹瓦当、纺轮、釉陶壶罐、厚胎红陶罐,以及饰方格纹、米筛纹、组合纹、填线方格纹、席纹的几何印纹陶器,以道前街、盘门景区、东吴丝织厂三处遗址出土的汉代遗物最为典型,与战国遗址呈零星分布的情况形成鲜明对比。全城数十处发现汉代陶圈井,分布相对密集。这充分说明,苏州城在汉代已初具规模。城外四郊分布着大量汉墓,而城墙边仅发现少量东汉墓,正反映了汉代苏州的城市地位,人口聚集程度提高,城内已成为居民生活中心。

今苏州城究竟建于汉代什么时期,文献记载阙如。根据今苏州城的规制,很有可能建于王莽时代。据《汉书·王莽传》记载,"莽意以为制定则天下自平,故锐思于地里,制礼作乐,讲合《六经》之说"。元始四年,"莽奏起明堂、辟雍、灵台,为学者筑舍万区,作市、常满仓,制度甚盛"。明年,"《诗》之灵台,《书》之作雒,镐京之制,商邑之度,于今复兴"。新莽地皇元年,"遂营长安城南,提封百顷。九月甲申,莽立载行视,亲举筑三下","崔发、张邯说莽曰:'德盛者文缛,宜崇其制度,宣视海内,且令万世之后无以复加也。'莽乃博征天下工匠诸图画,以望法度算,及吏民以义入钱谷作者,骆驿道路,坏彻城西苑中建章、承光、包阳、大台、储元宫及平乐、当路、阳禄馆,凡十馀所,取其材瓦,以起九庙"。其中说的"制度甚盛"、"崇其制度"等,反映了王莽的营造理念,也就是遵循《六经》规定的古制。如《周礼·冬官考工记》记载的周朝都城制度,所谓"匠人营国,方九里,旁三门。国中九经九纬,经涂九轨,左祖右社,面朝后市"。虽然春秋时期的宫城、小城有较规整的布局,大城则均呈不规则形,但礼制性城郭制度,乃是复古主义的理想境界。刘敦桢主编《中国古代建

中轴线分明的苏城　摄于一九四〇年代

盘门 摄于一九一〇年代

筑史》第二章就说:"汉以后有些朝代的都城为了附会古制,在这段规划思想上进行建设,并作出若干新发展。"

今苏州城具有礼制性城郭特征,平面呈矩形,城内规划整齐,子城在中央,城郭兼备,具有中轴线设计理念,里坊统一布置,道路纵横南北东西。如果说这是王莽时代遵循古制的具体实践,在全国应该是最早且最完善的。一般认为,礼制性城郭的出现,要到魏晋南北朝时期,许宏《大都无城》就说:"魏晋南北朝时期,社会动荡,城市经济衰落,此后才进一步复苏。庄园经济和新的等级制度,在都城规划上留下了明显的烙印。对曹魏邺北城、北魏洛阳城、东魏北齐邺南城、隋大兴城和唐长安城等城址的发掘和研究,表明以都城为代表的中国古代城市,至此逐步发展成为布局严谨、中轴对称的封闭式里坊制城市。"而今苏州城建于西汉晚期,比曹魏邺北城早两百多年,并且因为是在平原水网地带白地起造,不受旧城的束缚,故能比较完整地体现礼制性城郭的制度。更重要的是,历经两千多年,苏州城的这种规制基本得以保留,不能不说是中国城市史上的奇迹,它巨大的历史文化价值,也是不言而喻的。

王莽时代的苏州城,今已难以作出全面、准确的描述。今本《吴越春秋·阖闾内传》的记载,既反映了东汉时的现状,同时受王莽复古思想的影响,与春秋后期的故实纠缠一起。如说:"子胥乃使相土尝水,象天法地,造筑大城,周回四十七里。陆门八,以象天八风;水门八,以法地八聪。筑小城,周十里,陵门三。"所谓"象天法地",就是遵循古制,而二八城门,两两相对,应该就是当时的实际情形,暗示着大城中轴线的存在。沿至西晋,左思《吴都赋》咏道:"郛郭周匝,重城结隅。通门二八,水道陆衢。"将整个城市规划说得更清楚了。

在王莽时代营建苏州城时,以遵循古制为原则,形成整个城郭建设的全面规划,应该是将开挖城濠、建造城墙、填平沼泽、筑直河道等同步综合进行。城内河道,纵横布列,与道路并行,《吴都赋》的"水道陆衢",《吴地记》引作"水道六衢","衢"当作途径解。又,张守节《史记正义·春申君列传》卷三说:"又大内北渎,四从五横,至今犹存。"应该就是汉唐时代的情形,至晚唐才形成"三横四直"的格局。水城门则不仅是防御和交通的需要,更是城内调节城内水位的重要设施。就相门和盘门的情形来看,水门向内微拱,与苏州城西高东低的地势相吻合,内设上下门,如遇大水,将进水的水下门关闭,将出水的水上门开启,如遇水荒,则反之。如此则城内水位基本保持稳定,使居民的生活、交通有所保障。

从筒瓦、板瓦、瓦当等的出土数量来看,汉代苏州城内有大量建筑物存在。又从汉墓出土的明器来看,当时房屋都带有足,有四足、六足、八足,反映了当时苏州建筑以干栏式为主,应该大都是临水而筑,沿河分布。汉代地层中未发现砖,至东汉中晚期才出现砖室墓,与梁思成《中国建筑史》第三章说的"汉代用砖实例均见于墓中"相吻合。因此当时建筑,墙用版筑,柱和梁架用木结构。

王莽托古改制,行政建置多改其名。《汉书·王莽传》说:"岁复变更,一郡至五易名,而还复其故。吏民不能纪,每下诏书,辄系其故名。"苏州城所在的吴县之改泰德县,即其一也。今苏州城的落成,恰在其时,则地名随迁,更有政策的保证。地名随迁,乃我国地理沿革史上的常见之事,亦为治古史者的常识。新城建成后,旧城的地名随迁新城。迟在东汉兴平年间,阊门的地名就已在今苏州城落实,《兴平中吴中童谣》唱道:"黄金车,班兰耳,开阊门,出天子。"苏州市考古研究所张照根编制的《苏州市与木渎、藏书、胥口地名对照表》,对我们了解吴大城与今苏州城的地名关系,提供了可信的材料。

东汉永建四年,分会稽郡为两,以浙江(钱塘江)为界,江之东为会稽郡,徙治山阴县,江之西为吴郡,仍治吴县,两郡均隶扬州。然而吴郡之名,西汉初已有,《史记·樊郦滕灌列传》称灌婴"渡江,破吴郡长吴下,得吴守,遂定吴、豫章、会稽郡"。《汉书·高帝纪下》说:"韩王信等奏请,以故东阳郡、鄣郡、吴郡五十三县立刘贾为荆王。"何焯《义门读书记》卷十五这样解释:"吴郡,本会稽也,当以会稽治吴,故亦得称吴郡。"

在春秋战国的吴大城时代,农耕、水利、蚕桑、冶金、造船、琢玉等均有很大发展,已形成特色经济的格局。《史记·货殖列传》说:"夫吴自阖庐、春申、王濞三人招致天下之喜游子弟,东有海盐之饶,章山之铜,三江、五湖之利,亦江东一都会也。"秦灭楚,特别是经历楚汉战争,社会动荡,城市残破,经济发展停滞不前。"楚越之地,地广人希,饭稻羹鱼,或火耕而水耨,果隋蠃蛤,不待贾而足,地埶饶食,无饥馑之患,以故呰窳偷生,无积聚而多贫。是故江、淮以南,无冻饿之人,亦无千金之家"。

汉代徙城以后,今苏州一带的社会经济逐渐恢复,大批土地得到开发,铁器和耕牛的推广,耕作技术的提高,粪肥的使用,使农业生产开创新局面,制陶、冶铜、造船等手工业取得长足进步,市场也有较大发展。《汉书·梅福传》说:"至元始中,王莽颛政,福一朝弃妻子,去九江,至今传以为仙。其后,人有见福于会稽者,变名姓,为吴市门卒云。"可见城内的市场已经确立。同时出现了不少世族大家,如东汉吴人陆续、皋弘等,他们除在政治上操控朝柄、主宰州郡外,在经济上拥有大批土地和劳力,以农为主,结合部分手工业、商业的经营,所占社会财富巨大。《抱朴子外编·吴失》说:"以毁誉为蚕织,以威福代稼穑。车服则光可以鉴,丰屋则群乌爱止。叱咤迅于雷霆,祸福速于鬼神,势利倾于邦君,储积富乎公室。出饰翟黄之卫从,入游玉根之藻棁。僮仆成军,闭门为市。牛羊掩原隰,田池布千里。""而金玉满堂,妓妾溢房,商贩千艘,腐谷万庾,园囿拟上林,馆第僭太极,梁肉馀于犬马,积珍溢于帑藏。"这与西汉时的"亦无千金之家"形成鲜明对照。

进入西晋后,吴郡城内建筑壮观,水道陆衢,绿树成阴,商市繁荣,让北方移民和游客叹赏不止,左思《吴都赋》咏道:"高闱有闶,洞门方轨。朱阙双立,驰道如砥。树以青槐,亘以绿水。玄荫耽耽,清流亹亹。列寺七里,侠栋阳路。屯营栉比,解署碁布。横塘查下,邑屋隆夸。长干延属,飞甍舛互。""水浮陆行,方舟结驷。唱棹转毂,昧旦永日。开市朝而并纳,横阛阓而流溢。混品物而同廛,并都鄙而为一。士女伫眙,商贾骈坒。纻衣絺服,杂沓从萃。轻舆按辔以经隧,楼船举帆而过肆。""富中之氓,货殖之选。乘时射利,财丰巨万。竞其区宇,则并疆兼巷;矜其宴居,则珠服玉馔。"阊门则重楼复阁,称一时丽谯,陆机《吴趋行》就咏道:"吴趋自有始,请自阊门起。阊门何峨峨,飞阁跨通波。重栾承游极,回轩启曲阿。霭霭庆云被,泠泠祥风过。"

东晋末年,政局动荡,吴郡也受到很大冲击。隆安三年,爆发孙恩之乱,三吴八郡皆起而响应,旬日之内,众数十万,郡县兵卒,望风披靡。《晋书·孙恩传》说:"吴会承平日久,人不习战,又无器械,故所在多被破亡。诸贼皆烧仓廪,焚邑屋,刊木堙井,虏掠财货,相率聚于会稽。其妇女有婴累不能去者,囊篅盛婴儿投于水,而告之曰:'贺汝先登仙堂,我寻后就汝。'"大乱之后,又遭天灾,《晋书·天文志下》说:"元兴元年七月,大饥,人相食。浙江以东流亡十六七,吴郡、吴兴户口减半,又流奔而西者万计。"南朝梁太清二年,又爆发侯景之乱,《梁书·侯景传》说:"于子悦等既至,破掠吴中,多自调发,逼掠女子,毒虐百姓,吴人莫不怨愤。"数经战争,吴郡遭受极大破坏,今考古发现四围城墙上有大量六朝墓葬,就是这一时期吴郡城池严重摧残、居民大量死亡的实证。

那当时的木渎吴大城呢?弃城已五百多年,一片荒芜萧瑟景象,梁人吴均《吴城赋》咏道:"古树荒烟,几百千年,云是吴王所筑,越王所迁。东有铸剑残水,西有舞鹤故廛。萦具区之广泽,带姑苏之远山。仆本蓄怨,千悲亿恨,况复荆棘萧森,丛萝弥蔓。亭梧百尺,皆历地而生枝;阶筠万丈,或至杪而无叶。不见春荷夏堇,惟闻秋蝉冬蝶。木魅晨走,山鬼夜惊。不知九州四海,乃复有此吴城。"留下了深刻的历史记忆。

横山下的新城

隋开皇元年，废吴郡，改吴州。九年平陈，改吴州为苏州，领吴、昆山、常熟、乌程、长城五县，以吴为首县。大业元年复改苏州为吴州，九年仍改州为郡，直到唐高宗武德四年，再改吴郡为苏州。自此以后，苏州这个地名才真正落实下来。

苏州的"苏"字，一说取诸"姑苏"，源自姑苏山；一说"苏"与"胥"通，源自胥山。郎瑛《七修类稿》卷十九说："又如苏州，因吴王杀伍子胥投之江中，后人怜而立祠于江边之山，遂名胥山，吴王又筑台于山上，人亦称为胥台也。吴既国灭，台亦无矣，人又称为孤胥山，言独胥山在耳，及称台亦曰孤胥台，奈何吴人称胥为苏，讹孤为姑。后隋平陈，因姑苏山名，遂更郡为苏州，至今山、台俱名为苏也，故苏志志姑苏山曰'旧名姑胥'可知矣。"胥山亦名姑苏山，且与子胥无关，前已作辨证。"姑"字则为开口音，无意义。至于"孤胥"一说，则未见他书记载。又洪武《苏州府志》卷四十六考证说："今作苏者，盖吴音声重，凡胥、须字皆转而为苏，故后人直曰姑苏。隋平陈，乃承其讹，改苏州。或者谓胥与输音相近，兵家不取。或又谓吴中鱼禾所自出，苏字兼之，故曰苏，亦无据。以《吴越春秋》、《越绝》二书考之，一作姑胥，一作姑苏，则胥、苏二字其来远矣。"

江南自东晋以来，世族凌驾寒门，平陈以后，遣官限制，剥夺他们的特权，由是激起剧变。开皇十年，婺州、越州、苏州、饶州、温州、泉州、杭州、交州的豪民纷纷起兵，自称天子或大都督，大者数万人，小者数千人，攻陷州县，隋文帝以杨素为行军总管征讨。当时在苏州起事的是沈玄憎、沈杰，《隋书·杨素传》说："吴郡沈玄憎、沈杰等以兵围苏州，刺史皇甫绩频战不利。素率众援之，玄憎势迫，走投南沙贼帅陆孟孙。素击孟孙于松江，大破之，生擒孟孙、玄憎。"一说在平乱之后，一说在平乱之前，杨素建州城于横山下。《吴郡图经续记》卷上说：

横山石湖　摄于一九一〇年代

"杨素帅师平之,以苏城尝被围,非设险之地,奏徙于古城西南横山之东,黄山之下。"卷下则说,杨素"追击至苏州,移郡邑于横山下,盖欲空其旧城耳"。杨素在横山之东建新城后,移置苏州治,吴县治随迁,时在开皇十一年。

横山距苏州旧城西南十五里,因四面皆横,故以得名,也称踞湖山、五坞山。杨素迁城于山下,即以山为屏蔽也。横山新城的规模、布局,今已无可稽考。相传治平寺为州治、县治所在,则当有小城,其外为郭,新郭之名即由此而来。

大业七年,炀帝兴辽东之役,生灵涂炭,各地纷纷揭竿而起。九年,刘元进在馀杭起兵,以响应杨玄感,聚众数万,进据吴郡。《隋书·刘元进传》记道:"元进知天下思乱,于是举兵应之。三吴苦役者莫不响至,旬月众至数万。""吴郡朱燮、晋陵管崇亦举兵,有众七万,共迎元进,奉以为主。据吴郡,称天子。"官兵进剿,屡战屡败。炀帝将吐万绪进军逼之,相持百馀日,朱燮战死于黄山,刘元进、管崇也被江都郡丞王世充劫杀,凡投降将士都被坑杀于黄山黄亭涧,"死者三万人,其馀党往往保险为盗"。

唐武德初年,江南仍一片乱纷纷,各路农民军血腥争战,吴郡则为沈法兴所据。三年,沈法兴为杜伏威所败。六年,淮南道行台仆射辅公祏起事,据丹阳称帝,国号宋,苏州也为其所据。高祖李渊诏李靖、李世勣等四路进击。七年,李靖兵逼丹阳,辅公祏弃城东走,被执处死。江南之乱平定,苏州、吴县治所由新郭迁回旧城。

《吴郡图经续记》卷下记了一件事,移郡建城时,匠人用楮木作城门之柱,杨素问:"此木恐非坚,可阅几年?"匠人回答:"可四十年不朽。"杨素说:"足矣,是城不四十年当废。"果然,至唐武德七年,一说武德九年,复迁还旧城。迁还旧城的原因,周必大《乾道壬辰南归录》说:"其后无人肯安之,复还今城云。"更有可能的是,在横山新城时期,苏州一带战乱频仍,新城几度陷落,满目疮痍,初唐财力匮乏,无力重修,迁还旧城,应该是很好的选择。再说旧城选址科学,基础设施完善,新城不及旧城,也应该是当时的共识。《吴郡图经续记》卷上说:"唐武德末复其旧,盖知地势之不可迁也。观于城中,众流贯州,吐吸震泽,小浜别派,旁夹路衢,盖不如是,无以泄积潦安居民也。故虽名泽国,而城中未尝有垫溺荡析之患,非智者创于前,能者踵于后,安能致此哉。"

由于在隋末唐初的三十多年里,横山下的新城几乎都在战火中,故新城遗迹,文献记载寥寥无几。

越公井,在治平寺前。《吴郡志》卷九说:"越公井,今在治平寺前山冈上,径一丈八尺,石栏如屏绕之。上有刻字,多不可辨。又有唐广明元年僧茂乾《述大唐楞伽殿后重修吴朝大井记》,略云,惟兹巨井,《吴志》:坐当横山艮位,越来溪西百步,隋开皇十年,越国公杨素筑城创斯井焉。时屯师孔多,日饮万人。迩来三百馀年,邑则可改,其道不革。按,此即是杨素井。盖素既平陈,尝迁吴郡于山下,至今谓之新郭。茂乾《修井记》题首乃云'吴朝大井',盖传袭之误,僧辈不能辨也。"南宋淳祐二年,临安知府事赵与𥲒建亭于井上,亲书"洌泉"两字扁之,施清臣因作《建吴井洌泉亭记》,认为是"吴朝大井"而杨素疏浚。井口圆石板上有隋人刻字,据民国《吴县志》卷五十九引《吴郡金石目》,凡二十四字,"大隋大业七年辛未岁七月甲中朔二日乙酉造,邑主王以成",作八分书,径六寸许。明人称井为天下第四泉,李诩《戒庵老人漫笔》卷五说:"苏州楞伽上方山治平寺天下第四泉有六角石栏,刻字上。"

石门遗构,在治平寺前的寺浜。《石湖志》卷二说:"近年寺僧开浚此浜,得石门两柱,并门限俱全,亦有古砖如甓砌状者甚多。按周益公《南归录》谓,姑苏台有城三重,若然,此即姑苏台之城基也。又隋时迁郡治于新郭,而治平寺乃吴县治也,所得石门或县治之古迹欤? 未知孰是。"

杨素桥,在新郭越城遗址,跨北郭港,相传杨素筑城时所建。陈常《新郭怀古》诗云:"隋家伯业久沧桑,黄碧山高等北邙。空说新城压闾阎,终教朽骨葬雷塘。无波古井犹称越,欲堕危桥尚姓杨。试问英雄何处所,西风落日下牛羊。"

新郭,至今地名尚在。郭即外城,《礼记·礼运》说:"大人世及以为礼,城郭沟池以为固。"孔颖达疏:"城,内城;郭,外城也。"新郭是新城的外城郭。明清

行春桥　摄于一九一〇年代

时,新郭与横塘、横金、木渎、光福、社下为吴县六大镇,人烟稠密,商业繁荣。

行春桥,在石湖北渚,也应该是新城的遗留。行春桥始建年代,文献无征。据笔者揣测,既名"行春",很有可能起建于隋唐之际。杨素所筑横山新城,其东门或正与桥相直,所谓行春,即出东门而迎春也。立春是二十四节气中第一个节气,因与农业生产关系密切,遂形成重要的农业礼仪。早在东汉初,迎春就是顺应时序的五郊迎气礼仪之一。据《隋书·礼仪志二》记载,隋继承了后齐的迎气礼仪,按五行观念分别在东郊八里、南郊七里、中兆五里、西郊九里、北郊六里设祭坛。迎春祭祀所用的牺牲均为青色,青帝、伏羲、始祖和勾芒各用牛犊,而从祀的星辰则用猪和羊。可以想象,迎春那天,浩浩荡荡的队伍从新城东门出来,走过行春桥,再往东走八里地到祭坛。最早的行春桥,应该是木结构或木石结构。由于州县两治迁回旧城,行春桥作为交通设施的作用减弱,甚至废圮了相当时期,故陆广微《吴地记》未记其名,唐人记咏也未提及。

唐宋江南雄郡

隋大业六年,炀帝继令开通济渠、邗江后,又开自京口至馀杭的江南运河,与通济渠一样,也利用天然河流和旧有渠道加以浚广。这条沟通南北的大运河,改善了江南的水陆交通,进一步加强了南北的经济文化交流,苏州的区域优势更加突出。唐初在江南实行租庸调制,使苏州经济得以较快恢复和发展。据洛阳含嘉仓的砖铭记录,武则天圣历二年,苏州运达糙米一万馀石,说明唐代前期的苏州,已是全国重要的粮食出产区和集散地。至天宝年间,供输更多,杜甫《昔游》有云:"幽燕盛用武,供给亦劳哉。吴门转粟帛,泛海陵蓬莱。"又《后出塞》有云:"云帆转辽海,粳稻来东吴。"

万岁通天元年,苏州析吴县地置长洲县,与吴县同城而治。在一州郡城内置两县的双附郭县制度,起始于北周,隋唐开始推行,苏州是江南最早的双附郭县。整个唐代,全国仅十个州郡城内置两县,可见苏州在当时的城市地位。

安史之乱后,北方及中原重遭兵乱,经济中心南移,江南成为中央财赋的主要来源,苏州在江南诸州中的地位尤显突出。唐制,州郡满三万户为上州,至开元十八年,以太平时久,户口日殷,以四万户以上为上州,二万五千户为中州,不满二万户为下州。上、中、下州之外,又有辅、雄、望、紧之别。县邑则六千户以上为上县,三千户为中县,不满二千户为下县。上、中、下县外,又有赤、畿、紧、望之别。初唐时苏州已列为上州,大历十三年升为江南惟一雄州。所领七县,吴、嘉兴、长洲、昆山先后升为望县,常熟、海盐为紧县,惟华亭为上县,这在江南诸州中是仅有的。以吴县为例,《吴郡志》卷三十七引大历时梁肃撰《吴县令厅壁记》:"自京口南被于浙间,望县数十而吴大。国家当上元之际,中夏多难,衣冠南避,寓于兹土,参编户之一。由是人俗舛杂,号为难治。加以州将有握兵按部之重,邑居当水陆交驰之会,承上抚下之勤,征赋邮传之繁,倍百他县。夥乎其中,不可胜纪。"整个苏州的情况也是如此,白居易《张正甫苏州刺史制》说:"浙右列郡,吴郡为大,地广人庶,旧称难理,多选他郡二千石之良者转而迁焉。"又《苏州刺史谢上表》说:"况当今国用多出江南,江南诸州,苏为最大,兵数不少,税额至多。土虽沃而劳,人徒庶而未富。"作为地方长官,白居易的体会是深刻的,他先守湖州,再守苏州,继而守杭州,《初到郡斋寄钱湖州李苏州》有云:"霅溪殊冷僻,茂苑太繁雄。惟此钱塘郡,闲忙恰适中。"

苏州辖境之大,户口之殷,白居易在诗中屡有记咏,如《自到郡斋仅经旬日方专公务未及宴游偷闲走笔题二十四韵》有云:"甲郡标天下,环封极海滨。版图十万户,兵籍五千人。"《登阊门闲望》有云:"阊门四望郁苍苍,始觉州雄土俗强。十万夫家供课税,五千子弟守封疆。"《霓裳羽衣歌》有云:"闻君部内多乐徒,问有霓裳舞者无。答云七县十万户,无人知有霓裳舞。"《自咏》有云:"一家五十口,一郡十万户。出为差科头,入为衣食主。""十万户"的说法,与《元和郡县志》的记载基本相符。至于上交赋税,《吴地记》记唐末苏州"户一十四万三千二百六十一,两税茶盐酒等钱六十九万二千八百八十五贯七十六文";《吴郡志》卷一引《大唐国要图》则说:"唐朝应管诸院,每年两浙场收钱六百六十五万贯,苏州场一百五万贯。"两者相距较大,未可细究,惟可知苏州所纳约占两浙的六分之一。又,守山阁本《吴郡志》作"两浙场收钱五百五十五万贯",则苏州所纳约占两浙的五分之一。

唐代苏州经济发展主要体现在农业和手工业的兴盛。农业上有两大因素,一是农具的改造,使得生产更加精耕细作,大大提高了农产品的单位产量,陆龟蒙《耒耜经》就记录了多种先进农具;二是水利的兴修,较大的工程,有贞元八年刺史于頔重修从平望至吴兴间的荻塘,元和三年刺史李素开凿的元和塘,元和五年刺史王仲舒修筑的沿运河西岸从城南至松陵的塘路。手工业方面,则以丝绸为大宗,不少品种上贡朝廷,彩笺、草席、金银制品等也享有盛名,造船、煮盐、酿酒等技术体现了历史同期的较高水平。农业和手工业的发展,推动了商品市场的兴盛,不但出现了谷市、橘市、鱼市等专业市场,还出现了不受坊市制度限制的夜市,白居易《夜归》有云:"皋桥夜沽酒,灯火是谁家。"杜荀鹤《送人游吴》有云:"夜市卖菱藕,春船载绮罗。"远方客商纷至沓来,促进了苏州城市的繁荣。

当时苏州的城市面貌,让人瞩目。据《新唐书·王仲舒传》记载,元和五年,王仲舒来任刺史,"变屋瓦,绝火灾",用瓦来代替茅草,以防止火灾。这不可能在整个城市全面推行,但已足可称当时高明的景观。贞元七年,韦应物来任刺史,《登重玄寺阁》有云:"始见吴都大,十里郁苍苍。山川表明丽,湖海吞大荒。合沓臻水陆,骈阗会四方。俗繁节又暄,雨顺物亦康。"宝历元年,白居易来任刺史,《九日宴集醉题郡楼兼呈周殷二判官》有云:"半酣凭槛起四顾,七堰八门六十坊。远近高低寺间出,东西南北桥相望。水道脉分棹鳞次,里闾棋布城册方。人烟树色无隙罅,十里一片青茫茫。"《登阊门闲望》有云:"阊阖城碧铺秋草,乌鹊桥红带夕阳。处处楼前飘管吹,家家门外泊舟航。云埋虎寺山藏色,月耀娃宫水放光。曾赏钱塘兼茂苑,今来未敢苦夸张。"《齐云楼晚望偶题十韵兼呈冯侍御周殷二协律》有云:"欲辞南国去,重上北城看。复叠江山壮,平铺井邑宽。人稠过扬府,坊闹半长安。插雾峰头没,穿霞日脚残。水光红漾漾,树色绿漫漫。约略留遗爱,殷勤念旧欢。"大和七年,李绅来苏州,作《过吴门二十四韵》,描绘了当时的城市面貌:"烟水吴都郭,阊门架碧流。绿杨深浅巷,青翰往来舟。朱户千家室,丹楹百处楼。水光摇极浦,草色辨长洲。忆作麻衣翠,曾为旅棹游。放歌随楚老,清宴奉诸侯。花寺听莺入,春湖看雁留。里吟传绮唱,乡语认歙讴。桥转攒虹饮,波通斗鹢浮。竹扉梅圃静,水巷橘园幽。"

从上述诗咏来看,当时苏州规模整齐,人烟稠密,特别是"七堰八门六十坊",说得很具体。

"七堰"是水利设施,朱长文《吴郡图经续记》卷中说:"七堰者,皆在州门外。据乐天诗云'七堰八门六十坊',而《图经》云废堰一十有六。盖乐天指其近者言之也。旧说蓄水养鱼之所,或云所以遏外水之暴而护民居。近世城中积土渐高,故虽开堰,无甚患也。"《吴中水利全书》卷十三引郑瑄《上水利书》:"苏州五门旧皆有堰,今俗呼城下为堰下,而齐门犹有旧堰之称。是则堤防既完,则水无所潴容,设堰者恐其暴而流入城也。"皮日休有《赤门堰白莲花》有云:"缟带与纶巾,轻舟漾赤门。千回紫萍岸,万顷白莲村。"当时赤门堰中满植白莲,花开时节,一片烂然。

"八门"指城门,所谓陆门八、水门八,唐代八门悉启,刘禹锡《白舍人曹长寄新诗有游宴之盛因以戏酬》有云:"二八城门开道路,五千兵马引旌旗。"许浑《送元昼上人归苏州兼寄张厚》有云:"共醉八门回画舸,独还三径掩书堂。"当时的八门,《吴地记》记道:"西阊、胥二门,南盘、蛇二门,东娄、匠二门,北齐、平二门。"按《全唐诗》,唐人咏及仅阊、胥、赤、盘四门,阊、胥两门较多,赤门惟皮日休

《赤门堰白莲花》一首,盘门惟苗发《送司空曙之苏州》一首,有"盘门吴旧地,蝉尽草秋时"之咏。

"六十坊"指坊市,《吴郡图经续记》卷上说:"《图经》坊、市之名各三十,盖传之远矣。"坊者,市民聚居的里巷,《旧唐书·食货志上》说:"在邑居者为坊,在田野者为村。"市者,城中划定的商贸区,班固《西都赋》有云:"九市开场,货别隧分。"但当时苏州坊和市亦没有严格的区分。唐代苏州的主要市场在乐桥一带,正德《姑苏志》卷十八说:"大市在乐桥,称为市心。古有东州市、谷市、小市,今皆名存市废。"当时州治在子城,子城西门之上有西楼,又称望市楼,后改观风楼。明清时期,乐桥大市虽已名存实亡,而犹留桥名,顾震涛《吴门表隐》卷一说:"吴市在乐桥干将坊,即东市门,又东有尽市桥(今名兴市)。西市坊,即西市门,又西则市曹桥,又有谷市桥,北小市桥。"

苏州城内因水道纵横交流,故桥梁极多,在唐代已具大观。白居易《正月三日闲行》有云:"黄鹂巷口莺欲语,乌鹊河头冰欲销(黄鹂,坊名;乌鹊,河名)。绿浪东西南北水,红栏三百九十桥(苏之官桥之数)。"刘禹锡《乐天寄忆旧游因作报白君以答》有云:"春城三百七十桥,夹岸朱楼隔柳条。"自唐至宋,屡有增建,虽遭建炎兵燹,重建之数,与往昔大致相当。《吴郡志》卷十七说:"唐白居易诗曰'红栏三百九十桥',本朝杨备诗亦云'画桥四百',则吴门桥梁之盛,自昔固然。今图籍所载者三百五十九桥。"

宝历元年,白居易修筑了从阊门外至虎丘的塘路,时称武丘寺路,即今之"七里山塘"。白居易《武丘寺路》云:"自开山寺路,水陆往来频。银勒牵骄马,花船载丽人。芰荷生欲遍,桃李种仍新。好住湖堤上,长留一道春。"自注:"去年重开寺路,桃李莲荷约种二千株。"虎丘自古为名胜地,这条塘路的修筑,使水陆往来大大方便了,为后来阊门一带形成繁华富丽之区,创造了重要的条件。

就整个唐代来说,江南社会相对安定,承平时多,用兵时少,但苏州也有劫难。上元元年,淮西节度副使刘展起兵,陷江淮十馀州,唐将李臧与刘部张景超等在苏州激战,李败北,苏州为张所据,至明年初,刘展死,乱方平定。《资治通鉴·唐纪三十八》说:"安史之乱,乱兵不及江淮,至是其民始罹荼毒矣。"乱后又遭饥荒、瘟疫,独孤及《吊道殣文》说:"辛丑岁,大旱,三吴饥甚,人相食。明年大疫,死者十七八,城郭邑居为之空虚,而存者无食,亡者无棺殡悲哀之送。大抵虽其父母妻子,亦啖其肉而弃其骸于田野。由是道路积骨相支撑,枕藉者弥二千里。"乾符二年,浙江狼山镇遏使王郢叛乱,陷苏州、常州,掠两浙及福建,苏州城遭到较大破坏。

王郢乱后,刺史张抟主持重建苏州城。《吴地记》称其时"罗城,作亚字型",《资治通鉴·唐纪六十七》胡三省注:"罗城,外大城也。子城,内小城也。""亚"的异体字作"亜",一是形状规矩,二是主要干道都呈南北或东西直向,三是坊市布置井然有序。《吴地记》说:"其城南北长十二里,东西九里。城中有大河,三横四直。苏州名标十望,地号六雄,七县八门,皆通水陆。郡郭三百馀巷,吴、长二县古坊六十,虹桥三百有馀。地广人繁,民多殷富,古踪灵迹,实异事。后因王郢叛乱,罗城乃以重修。今姑纂成图画,以俟后来者添修矣。"这是晚唐的苏州城市景象。"纂成图画"是文献记载的最早苏州城市地图,惜未传世。

就唐代苏州的空间密度来看,城内既有市廛繁盛之区,亦尚多闲旷之地。如今临顿路一带,就颇有田野风光,皮日休题陆蒙龟屋壁诗,诗题即称"临顿(里名)为吴中偏胜之地,陆鲁望居之,不出郛郭,旷若郊墅"。故顾颉刚《苏州史志笔记》说:"自炀帝开运河,苏州已趋繁荣,惟以唐代都长安,相去太远,联系不紧,故不能太盛。自钱镠国吴越,北宋都汴梁,南宋都杭州,物资之取给于苏州者日多,故末世遂驾唐而上之矣。"

钱镠于后梁开平元年封吴越王,龙德三年封吴越国王。吴越国共领一军十三州,一军是安国衣锦军,十三州是杭州、越州、湖州、温州、台州、明州、处州、衢州、婺州、睦州、秀州、苏州、福州,范围包括今浙江、江苏南部、福建北部。钱镠的基本国策是"保境安民",纳贡称藩,臣服中原,以求得社会的安定。吴越国时,积极发展农业,大力开垦荒地,统一规划兴修水利,专设撩浅军从事修治和疏浚,并大规模修造圩田,以营田军驻屯。江南一带,出现了"野无闲田,桑无隙地"(《容斋续笔》卷十六)的景象。

苏州是吴越国十三州中最重要的城市,经济基础稳固,生产发展迅速,手工业则以土布、丝绸、刺绣、金银器、铜器、造船、造纸、印刷、漆器、编织以及盐、酒、茶、糖的食品加工为主,工商业出现繁荣局面,人民得以安居乐业。孙觌《平江府枫桥普明禅院兴造记》说:"平江自唐白公为刺史时即事赋诗,已有八门、六十坊、三百桥、十万户,为东南之冠。逮乾符、光启间,大盗蜂出,争为强雄,而武肃王钱镠以破黄巢、诛董昌,尽有浙东西地。五代分裂,诸蕃据数州自王,独尝顺事中国。有宋受命,尽籍土地府库,帅其属朝京师,遂去其国。自盖长庆讫宣和,更七代三百年,吴人老死不见兵革,复露生养,至四十五万家。而吴太伯庙栋犹有唐昭宗时宁海镇东南节度钱镠名姓书其上,可谓盛矣。"后唐同光二年表请升苏州为中吴军,领常、润等州,钱元璙、钱文奉、孙承祐先后任中吴军节度使,都能秉承吴越王旨意,保一方平安。谚语"天上天堂,地下苏杭"、"苏湖熟,天下足",就在这时开始流传的,可见杭州虽为吴越首府,但若论富庶繁雄,苏州则是浙右第一。

自西汉晚期建城以来,苏州城墙均为版筑土墙,至梁龙德二年,钱氏始于土城外包砌砖壁,高二丈四尺,厚二丈五尺,里外有濠。高德基《平江记事》说:"城形如亚字,世俗不知,以为龟形。本土城也,梁龙德中钱氏加以陶甓,至元三十一年重修筑之,甓上岁月、工匠皆具,盖土坯皆澄浆为之,欲其坚久故也。"前至元三十一年,未见修筑城墙的文献记载,或系至正十一年之误。

钱氏据苏州期间,大规模营造园林,《吴郡图经续记》卷下引《九国志》:"元璙治苏州,以园池草木为意,创南园、东圃及诸别第,奇卉异木,名品千万。"由此开启了苏州大规模造园的风气。后周显德六年,在虎丘山巅建云岩寺塔,为七级八面双筒结构楼阁式砖塔,历经千馀年,至今仍为苏州地标性建筑。

北宋开宝八年,改中吴军为平江军。太平兴国三年,钱俶表请纳土,宋收吴越国版图。政和三年,以徽宗曾节镇,苏州升平江府。

宋初,江南按吴越国旧制纳税,每亩每年纳税三斗,太宗时下调了税额,龚明之《中吴纪闻》卷一说:"太宗乃遣王贽为转运使,均两浙杂税。贽悉令亩税一斗。使还,大臣有责其增减赋额额者。贽谓'亩税一斗,天下之通法。两浙既已为王民,岂可复循伪国之制'。上从其说,浙人至今便之。"真宗时更改革了税法,文莹《湘山野录》卷上说:"吴越旧式,民间尽算丁壮钱以增赋舆。贫匮之家,父母不能保守,或弃于襁褓,或卖为僮妾,至有提携寄于释老者。真宗一切蠲放,吴俗始苏。"

当时苏州一带的农业生产突飞猛进,杂植粟、麦、黍、豆,使南北的农业生产经验和农作物品种得以交流,农耕技术得以改进和提高;占城稻的传入,使能岁收两次;葑田的发明,大大扩大了种植面积;秧马、耘盪、水车、筒车等农具的广泛应用,提高了劳动生产力。另外,蚕桑、柑橘、甘蔗、茶叶、花木等经济作物开始出现专业生产。特别是范仲淹、叶清臣、吕居简、郏亶父子、曹霖等注重兴修水利,开港凿塘,以通江海,形成了纵横交错的水网系统,为农业丰收创造了条件。丝绸、刺绣、金银作、酿酒、造船、烧瓷、印刷等行业在前代基础上有更大的发展。城市商业更加兴盛，市场分工日趋细化，苏城内外形成商业中心以及专业市场，纸廊巷、豆粉巷、米巷、药市街、金银巷、绣衣坊等街巷名称，留下了当时城内手工业生产和市场分工的痕迹。在城市繁荣的同时，周边的市镇开始兴起，反映了商品经济由城市向农村伸展，也标志着封建商品经济开始将基础建立在农副产品的发展上。

北宋苏州，社会持续安定，经济进一步繁荣，城市面貌富丽壮观。《吴郡图经续记》卷上说："自钱俶纳土至于今元丰七年，百有七年矣。当此百年之间，井邑之富，过于唐世，郛郭填溢，楼阁相望，飞杠如虹，栉比棋布，近郊隘巷，悉甃以甓，冠盖之多，人物之盛，为东南冠，实太平盛事也。""若夫舟航往来，北自京国，南达海徼，衣冠之所萃聚，食货之所丛集，乃江外之一都会也。""自本朝承平，民被德泽，垂髫之儿皆知翰墨，戴白之老不识戈矛。所利必兴，所害必去。原田腴沃，常获丰穰，泽地沮洳，寖以耕稼。境无剧盗，里无奸凶，可谓天下之乐土也。"

据《太平寰宇记》卷九十一记载，"今按阖闾城，周回三十里，水陆十有二门"。可见北宋早期，已堙塞两门，非复"二八城门开道路"的景象了。后胥门水陆两门、葑门陆门又塞。景祐初，范仲淹守郡，令开葑门。《吴郡图经续记》卷上说："今所启者五而已，封门陆衢，中或堙塞，范文正公命辟之为门，往来至今，大以为便。"政和年间重修诸门，于废塞诸门皆刻石以识之。宣和五年，又诏重甃。经建炎兵燹，淳熙重建，终宋之世，仅存阊、盘、葑、娄、齐五门。

北宋时期，苏州城市中心向南延伸，城南出现了新的建筑群落。景祐二年，范仲淹建州学。庆历五年，苏舜钦买孙承祐池馆废地筑沧浪亭。宣和间，朱勔重修古普济院，并建塔，作七级八面砖木结构仿楼阁式，赐额瑞光禅寺。另外，城中天庆观（今玄妙观），屡屡重修，占地面积不断扩大，建筑个体不断增加，进入全盛时期。雍熙间，王文罕兄弟在今定慧寺巷建双塔，均作七级八面仿楼阁式砖塔。今桃花坞大街、西北街、东北街一线以北，除报恩寺外，出现了数个规模较大的庄园，如章园、梅园等。

建炎毁城

南宋建炎三年十月，金兵分东西两路南下。西路自蕲州、黄州渡江入江西，东路自滁州、和州渡江入江东。入江东一路金兵，由完颜宗弼（兀术）亲自率领，先后攻克寿春府、庐州、和州、无为军，渡江又克建康府，转陷广德，再从广德东进，攻独松关，长驱临安府。四年正月十六日，明州陷落。由于孤军深入，战线漫长，补给困难，后方空虚，天气也即将转暖，金兵水土不服，宗弼决定北撤。据《建炎以来系年要录》卷三十一记载，二月初三日，"金人自明州引兵还临安。初，敌既破明州，遣人听命于完颜宗弼，且云：'搜山检海已毕。'宗弼曰：'如扬州例。'敌遂焚其城，惟东南角数佛寺与僻巷居民偶有存者"。金兵在北撤途中，一路烧杀掳掠。至临安府，下令洗城，纵火三昼夜，烟焰不绝。十四日撤离，"以掳掠辎重不可遵陆，乃由苏、秀取塘岸路行"。于是直扑秀州、平江而来。

二十三日，"敌游骑至平江城东，统制官郭仲威兵未交而退。同知枢密院事、两浙宣抚使周望奔太湖，市人请留不可，则极口嫚骂，望不顾而去。守臣徽猷阁直学士汤东野，闻望已出，则挈家潜遁，以府印付仲威"。

二十四日，"仲威会诸将饮城上，士民叩头出血，请加守御之备。仲威奋髯曰：'即发骑兵，敌行破矣。'民谨无扰。日欲晡，金人大集于城下，仲威与将官鲁珏纵火城中。夜，望及仲威皆遁，其下自城南转劫居民，北出齐门而去。民之得出郭者，多为所杀"。

二十五日，"午漏未尽四刻，完颜宗弼自盘门入平江，驻兵府治。掳掠金帛子女既尽，乃纵火燔城，烟焰见百馀里，火五日乃灭"。

同书卷三十二说："是役也，平江士民死者近五十万人，得脱者十之二三而已"。

这是苏州历史上最惨酷的一次劫难，在其他文献里也有记载。

胡舜申《己酉避乱录》记当时亲眼目睹的惨状："入平江城,市并无一屋存者,但见人家宅后林木而已。菜园中间有屋,亦止半间许,河岸倒尸则无数。出城,河中更无水可饮,以水皆浮尸。至吴江,止存屋三间,其下横尸无数。垂虹亭、横桥皆已无,止于亭下取得少水堪饮。自吴江而南,浮尸益多,有桥皆以断,其处尸最多。后问之,云:'虏骑推人过,皆死于水。'时燕子已来,无屋可巢,吾船用帆,乃衔泥作巢于帆。缘岸皆为灶圈,云虏人缘岸泊故也。所杀牛频频有之,其骨与头足并存,但并无角,必虏人取以去。"

赵鼎《建炎笔录》于建炎四年三月十二日记道:"浙西人皆至,云平江失守。一使臣即周望之部曲也,言敌骑二月二十四日至城下,周望、汤东野即日引众遁去。二十五日,金人突入,更无一人拒捍者,焚烧杀戮殆尽。初,苏人恃宣司以为安,敌至欲遁,而舟船悉为军兵掳去,故无一人得脱。"

元初人徐大焯《烬馀录乙编》于平江建炎之难记载犹详,引录三条,以窥细节。

"建炎庚戌,兀朮南寇,二月二十四日犯盘、胥、葑、娄四门,阖城居民麇集北城土寨。夜五漏,兀朮破盘门入。二十六日未明,寨亦陷,守将赵秉文、僧云逸死之。黎明寇大至,先驱兵士戮寨外,次胁丁男献金,金尽杀之,次斩老妇婴儿,于东北园积薪焚尸。兀朮宴诸酋于天半楼,遂踞寨,三月朔始出阊门去,初三日诸军凯旋。寨中庆云庵、旃檀庵、报恩寺、杨柳楼台、张家祠、刘家祠、梅园、章园、孙园、蔡庄以寇巢毁,妇女二万馀人以从寇籍。蔡隆兴倡议,瘗河中男尸八万五千馀,女尸十一万一千馀,暴露男尸六万二千馀,女尸二万五千馀,火化男女骨十五万七千馀,赎回营妓二千三百馀人。周宣抚陷以通寇,骈于市,全家投池以殉,池荷忽生碧血痕,群相惊异,里人于蔡庄筑庵祀之。黄十二龄童,卫母伤寇,钉死临顿桥门。吴邑吏曹行谦,以击寇支解。伶人吕巧,以骂贼拔舌。吴永年妻及姊,擒酋投水。雏妓朱素素,碎碗自刎于甘节坊。徐灵姐破兀朮首,脔割于天半楼。张采姑掠入对山阁,不屈坠楼死,三女子从之,失其姓。刘士诚妻扼寇项,入子城河死节。"

"兀朮陷苏时,荼毒生灵,历古未有。小儿十岁以下,男子四十以上,及四十以下不任肩负与识字者,妇女三十以上及三十以下向未裹足与已生产者,尽戮无遗。尤奇者,凡有书籍之民居,有簿记之店肆,必尽火其屋,尽杀其人,虽妇稚不遗。去时,以一衾络一女一儿,使两男担之,大约裹胁以去者十万人,城中仅留有病妇人四千一百馀人于南寨,使遗黎邵登辙等四人守护之,留一万六千七百馀人于北寨,亦有病妇女,使蔡隆兴等十人守护之。去前夕,封邵为千户、蔡为万户,并给金帛有差。所据合城屋宇中,男子病不能行者,尽杀之,妇女或驱入寨,或亦杀之,谓之洗城。"

"时至末造,兵非卫民,扰民耳;官非治民,厉民耳。建炎之难,淮浙宣抚使周望,倚诸将为腹心,惟言是听,郭仲威、鲁钰两军屯城内,巨师古军屯吴江,李阊罗军屯常熟,悉归节制。军惟骚扰,毫不设备。二月,金犯秀州,巨、李诸军溃。二十三日,金兵直抵城下,周望先遁,郭、鲁两军纵火,饱掠而去。二十四、五日,义民固守。二十六日,城陷。三月朔,金兵退。初二日,张俊军来自昆山。初三日,郭、鲁、巨、李相率回军。男妇迁避乡邑者,悉被其掠,城中所存男子十六人,以从逆斩,病妇二万馀人并没充军妓,且勒索瘗藏,不堪淫刑以死者,复数千人。"

时隔未久,瘟疫流行,《宋史·五行志一》记道:"绍兴元年六月,浙西大疫,平江府以北,流尸无算。"平江城内外一片萧条。

金兵是在北撤途中焚掠平江的,二月二十五日陷城,三月初一日撤离,短短几天,平江城究竟毁废到何等程度。胡舜申《己酉避乱录》称"入平江城,市并无一屋存者"。范成大《吴郡志》卷六称"建炎兵烬,所存惟觉报寺小寺及子城角天王祠"。卷十二进而说:"天王堂在子城西北隅,虽一小庙,盖古屋也。建炎兵难,盈城宫室悉为煨烬,惟郡南觉报小寺以金师营幕所寓,不及毁。"卷三十一又说:"觉报寺在府东南,旧名老寿庵,王岐公家香火院也。靖康之难,此寺金人所寓,故不得焚,吴下古名屋,惟此寺耳。"

建炎四年,范成大年仅五岁,《吴郡志》所记,当是故老传闻,或据野史记叙,并非亲身经历。当时平江城内劫后所馀,不止这两处。绍兴六年九月,赵鼎扈从高宗赵构驻跸平江,他在《丙辰笔录》里记道:"初八日,发吴江,午至平江府,换小舟入门,从梁汝嘉所请也。泊姑苏馆,进辇入行宫驻跸。以府治为行宫,以提刑司为三省、密院,以签判厅为左相府第,以提举茶司为右相府第,以检法厅为签书府第。"初十日,"诣天宁寺开启行香,得收复顺州捷奏"。十二日,"晚同右揆、西枢谒韩世忠,就其后圃置酒七行。世忠之圃,即章子厚园池,昔苏子美之沧浪亭也"。

自绍兴元年至六年,虽已开始重建治所,但艰于人力物力,重建的地方不多。《吴郡志》明确绍兴六年之前重建的,仅谯楼、戟门、设厅和提点刑狱司,而赵鼎提到签判厅、提举茶司、检法厅,当时都应该未被毁去。天宁寺,即在苑桥东的天宁万寿禅院,后改报恩光孝禅寺。沧浪亭当时被韩世忠据为府邸,也未遭残破。另如寿宁万岁寿院的双塔,亦未被毁,绍熙元年僧妙思《吴郡寿宁万岁禅院之记》说:"建炎罹回禄之祸,王君所遗存者,惟砖浮图相对于煨烬之中。"

即使重建的治所,也比较简陋,如府治设厅,绍兴三年更建,尝作高宗行宫,《建炎以来系年要录》卷八十一则记道:"壬寅,御舟次姑苏馆,上乘马入居平江府行宫。守臣孙佑进御膳,其桌子极弊,且有僧寺题识,上不以为嫌。他日谓赵鼎曰:'朕念往日艰难,虽居处隘陋,饮食菲薄,亦所甘心。若边境以清,都邑既定,迎还二圣,再安九庙,帝王之尊固在。'"据赵鼎《丙辰笔录》记载,"议十七日就韩后圃山堂,随行属官总制、提举官预坐,使臣等别坐,酒五行"。高宗召臣工议事,竟然也没有合适的地方,就只能到沧浪亭去了。

由于文献缺失,建炎兵燹后,平江城内究竟尚存多少建筑,已不能知晓。就总体情况来说,这是一次空前绝后的大劫难,城垣、坊市、桥梁、官宇、寺院、宫观、祠庙、学校、园囿、民居等,几乎都被焚毁了,即使偶有孑遗,也都在断井残垣、茅封草长间,西风飒飒,一片萧瑟景象。

废墟上的重生

建炎四年,平江城惨遭金兵焚掠,居民死的死,被掳的被掳,真是满目疮痍,哀鸿遍地。在这片空旷的废墟上,惟见驻军的营寨,连绵数十里。

毁城不久,有司就开始重建治所。正德《姑苏志》卷二十二记道:"绍兴初,高宗将驻跸平江,先命漕臣于府治营造宫室,三年行宫成,四年移幸,七年三月诏赐守臣复为府治。"以后虽陆续有所建造,但在绍兴前期,重建的官舍屈指可数。至于整个平江城的重建,当时还无从谈起。

自靖康之乱后,京畿、京东、京西、河北、河东、秦凤、淮南各路的北方居民,大举迁入秦岭、淮河以南地区,形成规模空前的移民浪潮。《建炎以来系年要录》卷一百七十三记起居舍人凌景夏说:"切见临安府自累经兵火之后,户口所存裁十二三,而西北人以驻跸之地,辐凑骈集,数倍土著,今之富室大贾往往而是。"又卷八十六记屯田郎中樊宾说:"以为荆湖江南与两浙,上腴之田弥亘数千里,无人以耕,则地有遗利。中原士民,扶携南渡,不知其几千万人,则人有馀力。今若使流寓失业之士民,许佃荒闲不耕之田,则地无遗利,人无遗力,可以资中兴之业。"蜂拥而来的北方移民,填补了因战乱而锐减的劳动力缺口,成为恢复江南社会经济的主要力量。即以平江府来说,建炎四年惨遭金兵屠城,《吴郡志》卷一说:"中更狄难,扫荡流离,城中几于十室九空。"据徐大焯《烬馀录》等记载,死难近三十万人,迫胁以去的约十万人,接着又发生瘟疫、饥荒,一座繁华城市成为茫茫瓦砾堆矣。但绍兴和议后,社会相对安定,人口增速很快。据《苏州市志·人口》所列《苏州历代郡州府县人口统计》,战前的崇宁元年,苏州府有十五万二千八百二十一户,四十四万八千三百十二人;战后五十四年的淳熙十一年,平江府已有十七万三千零四十二户,二十九万八千四百零五人;至战后一百四十五年的德祐元年,平江府竟达三十二万九千六百零三户。南宋时期,平

平江图碑
南宋绍定二年镌

江一府五县所增人口,绝大部分是北方移民,故韩淲《次韵》就咏道:"太湖渺渺浸苏台,云白天清万里开。莫道吴中非乐土,南人多是北人来。"

恢复经济,重建家园,需要大量人力,北方移民的进入,为重建平江城提供了有生力量。

开始全面重建平江城,约在绍兴十四年,主持者是知府事王晚。王晚字显道,华阳人,乃太师、岐国公王珪之孙,秦桧妻兄(一说妻弟)。《吴郡志》卷十一记其"绍兴十四年三月到。十五年闰十一月,除宝文阁学士。十七年正月,提举江州太平兴国宫"。陆友仁《吴中旧事》说,王晚"绍兴初知府事,峻于聚敛,酷于用刑,然其规为亦有可取者。兵火之馀,故墟瓦砾山积,乃录入城小舟,出必载瓦砾以培塘,人以为便。石之破碎者,积而焚之,以泥官舍,不赋于民而用有馀"。采用这种办法来清除废墟、筹措石灰,大大节省了民力,但劫后所馀之碑碣石刻也因此而荡然无存。由于秦桧为世鄙视,王晚也不得称赞,但就重建平江城这件事来说,他还是很有功绩的。

王晚在任上,重建了姑苏馆、郡圃的齐云楼和西楼,新建了姑苏馆外的来远桥和郡圃中的双瑞堂、四照亭、颁春亭、宣韶亭等,重修了府学,建讲堂,辟斋舍,并令人重绘了文庙大成殿两庑的从祀像,又重建了天庆观(即玄妙观)两廊,令人精绘灵宝度人经变相。孙觌对王晚的作为十分欣赏,《内简尺牍》卷四《与平江守王侍郎》中的一通写道:"吴门经乱十六七年,阅十二政,比公领州,而官寺、府库、公堂、客馆始复旧观,而壮丽又过昔所有者。浙西诸郡守将,所更何啻数十百人,而残败如故,然后知功名之士千万人不一遇也。"另一通写道:"二三亲客自吴门还,适见大宫室落成,又得与游人纵观其上,奇闻壮观,恍然如游华胥化人之国于梦寐之间也。中秋对月,使君领客,必在姑苏台、西楼之上,想见一时冠盖之盛,千载同风,当与龙山岘首共为不朽矣。"又一通写道:"自公临州,属有三年之淹,功烈伟然,间见层出,若有鬼神。虽一时忌前好胜者,亦敛衽叹息,以为不可及。他日进拜庙堂,扶颠持危,垂名竹帛,为如□兴第一,非公其谁。"

就从王晚起,平江军民励精图治,惨淡经营,历经近百年时间,七十馀任知府事,城区的重建工程基本竣工,街衢井然,河道纵横,殿宇巍峨,坊市繁华。

绍定元年十二月,李寿朋来知平江府事,至明年十月调任荆湖北路转运判官,他在平江仅十个月,但做了几件事,一是令校官汪泰亨等对范成大《吴郡志》作订伪补缺,并予刊印;二是镌刻《平江图》;三是创设激赏西库(在景德寺东)、激赏南库(在盘门内)、望云馆(在阊门内);四是重修盘门城楼。至于《吴郡志》卷六汪泰亨等补注所说,城内六十五坊系"绍定二年春,郡守李寿朋并新作之,壮观视昔有加",当是奉承之语,李寿朋初来乍到,如何能在极短时间里新作六十五坊,他可能只是审核了全城的坊名,甚至下令完善各个坊门的坊额。他主持镌刻《平江图》,也不是好大喜功,将历代守臣的政绩归于自己名下,因为那年恰好距建炎毁城一百年,一座宏伟壮观的城市,在废墟上重新建造起来,作为纪念而绘图立碑,也在情理之中。

《平江图》是至今发现年代最早、保存最完整的古代城市平面图,比起马王堆出土的"城邑图",比起《长安图》残石,《平江图》更写实、详细、精确,反映了南宋中期苏州城市重建后的面貌。

《平江图》镌刻在一块巨大的磨光青石上,高二百七十九厘米,宽一百四十八厘米,因为长期砌置在苏州文庙戟门厚厚的墙壁里,躲过了天灾人祸,得以完好地保存下来。它的镌刻年代,碑上并无记载,近人王謇作了考证,他在《宋平江城坊考序》里说:"《平江图》碑,始不详其何时所刻。程氏祖庆《吴郡金石目》亦仅据瞿木夫说,以刻碑人吕梃、张允成、允迪三人姓名,叠见宋理宗、宁宗两朝碑刻,遂断为南宋古物,而未详其年月。余因读赵汝谈《吴郡志序》及《吴郡志·官宇门》所载绍定二年郡守李寿朋重建坊市故实,始悟《平江图》碑亦必刻于是年。证以碑中公署、寺观,凡建于绍定二年春夏以前者,图中悉有,秋冬以后新建者即无,益信刊行《吴郡志》、兴复古坊市、镌成《平江图》,悉在是年。"

《平江图》以水道、桥梁、坊市为重点,所绘城内外自然地理实地和人文景观共六百四十四处,注记名称的有六百十四处。时城内布局整齐,有六条河道纵贯南北,十四条河道横越东西,总长八十七公里。街衢巷陌与河道并行,水陆相随,有古坊六十五处。桥梁星罗棋布,城内有二百九十五座,城外有十九座。城内外分布寺观庵斋等一百十一座,官廨营寨等九十三所,山、洲、堆等二十四处,河湖荡汇等十八处,其他十九处。图中道路用平面图例表示,建筑、山地、冢墓等用立面象形图例表示,水体绘有波纹。城内较大的建筑群,有郡治(即子城)、

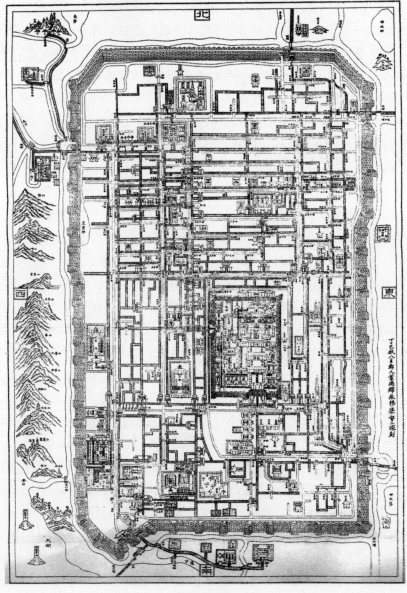

平江图（摹本）

姑苏馆(在今胥门、盘门内)、报恩寺、能仁寺(在今接驾桥东)、崇真宫(在今接驾桥西)、至德庙、天庆观(今玄妙观)、定慧寺、万岁院、开元寺、府学、贡院(在今学士街西)、府仓(在今仓米巷)、韩园沧浪亭、杨园(今凤凰街西、民治路北)等。城外则采用"缩地"法,将近郊的山川移近城郭,既有比较明确的方位,又在有限的幅面上容纳了更大的空间。

《平江图》不但是研究我国城市史、建筑史、经济史、地图史的重要资料,更是研究苏州史不可或阙的实证文献,王謇《宋平江城坊考序》就说:"我吴自祥符《图经》失传,蒙兀儿朝以前往迹几不堪重问。何幸《平江图》碑矗立郡庠,巍然为鲁殿灵光,图缋缜密,古气磅礴,南渡往迹,犹照人耳目,赫赫若前日事。盖自唐失其政,海内分裂,虽吴越钱氏以保境安民为职志,而汉魏以来之古迹已荡然无存。《图经续记》所谓'郡郭三百馀巷',皆有名而失之者,板荡之迹盖可睹矣。建炎兵燹,胡骑戎马,驰突相乘,逐居游牧之风所至,以焚掠残毁为天性,吴中坊市悉夷为平地。读徐大焯《烬馀录》犹可想见当时惨状。《吴郡志》所谓建炎狄难,吴中古名屋,惟城南觉报寺、子城天王堂以酉幕仅存。至今访古,城市自桥梁题刻以地下隐僻获免而外,凡地面以上几无一碑一刻之遗。北禅寺门左一井阑题'绍兴三十年'纪元者,已为城中至古器物。毁灭之酷,盖若是其烈也。"正因为如此,《平江图》的价值,也就不言而喻了。

《平江图》是当时平江城的全记录,至今已近九百年,但苏州城内的总体格局变化不大,街巷、河道的基本构架还在,部分建筑空间依然保存,北寺塔、双塔、瑞光塔仍是城内的最高建筑。

绍定以后,平江城的大小建筑工程仍在继续之中,且以女墙、市河为例。

宝祐二年,刺史赵汝历仿淮郡之制,增筑女墙。女墙又称女垣,也称雉堞、睥睨,乃城墙上呈凹凸形的小墙,砌有射孔。《释名·释宫室》说:"城上垣曰睥睨,言于其孔中睥睨非常也。亦曰陴,陴,裨也,言裨助城之高也。亦曰女墙,言其卑小,比之于城,若女子之于丈夫也。"苏州自建城以来,皆无女墙,自此以后勿替,清初环城有女墙三千五百零一垛,每垛高六尺。

嘉定十年,刺史赵彦橚重浚市河。洪武《苏州府志》卷三说:"市衢旧有运河,堙塞之后,人皆聚闾而居,开凿为难。嘉定间郡守赵彦橚以锦帆泾终始,衡泛四出,凡开一千一百馀丈,阛阓之地,楼宇高下,掩映可爱。"卷四十六又作辨证:"旧志云,锦帆泾即城里沿城濠也,相传为吴王锦帆以游。今濠固在,亦通大舟,间为民间所侵,有不通处。今之市河,南自憩桥,北出香花桥之西,乃昔之新河,即锦泛泾也。盖自古沿河无民居,两岸栽植花柳,春时映水如泛锦。故郑虎臣《闻灯实录》引《图经》载杜荀鹤诗曰'夜市卖菱藕,春船载绮罗',亦以锦泛泾夹映花柳而云。今俚俗乃指此为锦帆泾,相承既久,莫知其非。盖'帆'乃'泛'音之讹耳。使锦帆果曾游此,则小桥栉比,樯桅起倒,不亦劳乎。观此则其讹不待辩而可见矣同。"

顾颉刚在《苏州的文化》中也提到南宋平江的城市建设:"当时苏州市政,号称天下第一,城区内外,不但河水错综,可供运输洗濯之用,而且用小石子铺砌街道,即在下雨天,亦可不致湿脚,故有'雨天可穿红绣鞋'的话。"

蒙元时代

元至元十二年即南宋德祐元年十二月,伯颜率元军攻平江,都统王邦杰、通判王矩之以城降。明年,改平江府为平江路,领吴、长洲、昆山、常熟、吴江、嘉定六县。元贞元年,升昆山、常熟、吴江、嘉定四县为州。

元军初据平江,百姓惨遭荼毒。据徐大焯《烬馀录乙编》记载,十二月初八日,"北军揭榜安民,云:'大兵入城时,不杀一人,不掠一物,居民有抗心自尽者杀一家,一家同尽者杀一巷。'遂相戒弗死,户设香灯。明日祁寒风雪,先之匿避屋头巷脚者,无不瑟缩归户。北军屯六门外,并不入城,人人感戴。初十黎明,六门并进,散军踞小户,北军踞中户,军官踞大户,所踞之人,即为一家之主,人财服物悉归所得居者"。"北兵之祸,杀戮无人理,甚至缚童稚于高竿,射中其窍者赌羊酒。乱后检骨十馀万,葬于桃坞西北周书桥,题墓碑曰万忠。鼎革后,编二十家为甲,以北人为甲主,衣服饮食惟所欲,童男少女惟所命,自尽者又不知凡几"。

这一情况持续未久,随着形势的平稳而进入安定局面。在经济上,元将南宋的圣节上供、经总制钱等百馀种苛捐杂敛一概免除,名义上只仅交纳正额赋税,于慎行《穀山笔麈》卷十二说:"元平江南,政令疏阔,赋税宽简,其民止输地税,他无征发。"即就交纳苛捐杂税来说,元较南宋为轻,并沿用南宋的夏秋两税制,亩税额大致循南宋簿籍之旧。因此元代统一后,江南的生产关系和经济制度基本上仍沿着南宋的轨道运行。在文化上,下诏搜访遗逸,置学田以赡学。当延祐元年恢复科举,全国共录取三百名乡试名额,江浙行省分配额为四十三名,为全国之冠,也可见其政策的倾斜。元对于江南,政治上是空前高压,经济上是绝对倚重。孔齐《至正直记》卷三说:"豫章揭翰林曼硕《题雁图》云:'寒向江南暖,饥向江南饱。物物是江南,不道江南好。'盖讥色目北人来江南者,贫可富,无可有,而犹毁辱骂南方不绝,自以为右族身贵,视南方如奴隶。然南人亦视北人加轻一等,所以往往有此诮。"真是将这种两重性描绘得具体而微了。

元代平江,社会相对安定,经济政策宽松,生产发展平稳。方回《姑苏驿记》说:"男女异路,贞信有别,狱讼鲜少,道不拾遗,城社屏迹,巷无郑声,酤籴烹庖,物饶价平。"意大利人马可·波罗记述了这个城市人烟稠密、丝产丰饶、商品繁盛、河道纵横、桥梁众多的景象:"苏州(Sugui)是一颇名贵的大城,居民是偶像教徒,臣属大汗,恃工商为活。产丝甚饶,以织金锦及其他织物。其城甚大,周围有六十哩,人烟稠密,至不知其数。假若此城及蛮子境内之人皆为战士,将必尽略世界之馀土,幸而非战士,仅为商贾与工于一切技艺之人。此城亦有文士、医师甚众。此城有桥六千,皆用石建,桥甚高,其下可行船,甚至两船可以并行。此城附近山中饶有大黄,并有姜,其数之多,物搦齐亚钱(gros)一枚可购六十磅。此城统辖十六大城,并商业繁盛之良城也。此城名称苏州,法兰西语犹言'地',而其邻近之一别城行在(Quinssy)则犹言'天',因其繁华,故有是名。行在城后此言之。兹从苏州发足,先至一城,名曰吴州(Vouguy),距苏州一日程,是一工商繁盛之富庶大城也。"(冯承钧译本《马可波罗行纪·苏州城》)需要说明的是,苏州向不产大黄和姜,疑指肃州,因苏州与肃州译音相近;"天"城、"地"城之说,是对"上有天堂,下有苏杭"这句谚语的误读;吴州则指吴江,时为吴江州;桥梁之数,则大大夸言了。

当时平江仍是重要的交通枢纽,商品经济随交通而迅速发展。方回《姑苏驿记》说:"东南郡苏杭第一,杭今设行省。南海百蛮之入贡者,南方之数百郡之求仕者,与夫工技贸易之趋北者,今日杭而明日苏。天使之驰驲而来者,北方中原士大夫之仕于南者,东辽西域幽朔之浮淮越江者,今日苏而明日杭。是故苏为孔道,陆骑水舫供给良难。"元初,海舟巨舰可取道吴淞江、青龙江,直抵城东葑门外湾。葑门外墅里浜一带,曾建海船修造船坞。太仓刘家港因创漕运而成为对外贸易港口,号称"六国码头"。至正二年设市舶分司于太仓州城武陵桥北,专掌番货、海舶、征榷、贸易。在海外贸易中,平江出现了一批富商巨贾,元初以朱清、张瑄为代表,两人早在海上以行贩抄掠为业,江南平定后,受招安,授金符千户,因运河供输困难,建议改由海道。陶宗仪《南村辍耕录》卷五说:"二人者,建言海漕事,试之良便(至元十九年也),上方注意向之。初年不过百万石,后乃至三百万石。二人者,父子致位宰相,弟侄甥婿皆大官,田园宅馆遍天下,库藏仓庾相望,巨艘大舶,帆交番夷中,舆骑塞隘门巷,左右仆从皆佩於菟金符,为万户、千户,累爵积赀,气意自得。二人者,既满盈,父子同时夷戮殆尽,没赀产县官,党与家破禁锢,大德六年冬也。"相传元末巨富沈万三亦由"通番"起家。

当元兵平定江南后,各地城墙悉命平毁,平江城亦然,洪武《苏州府志》卷四说:"故民杂居遗堞之上,虽设五门,荡无关防。"至正十一年,诏令天下缮完城郭,平江亦重建郡城,"时监郡六十、太守高履实董其事,乃于所隶州县定役徒,分丈尺,聚砖石,筑垒工毕,周遭开濠,深广有加。因掘土姑苏驿下,得石镌'胥门'二字,于此又辟为胥门,凡为门六"。郑元祐《平江路新筑郡城记》说:"城四向一仍子胥之旧,水门则仍宋之旧,独启胥门,上建忠孝王庙,馀五门上亦皆祠神。盖役兴时,虑暑雨疾疠为民害,乃祷于神以祈佑,故列祠以答神贶。城之高以尺计,凡二十有三,其趾三十有五,叠石三层以为固;城之面广丈六尺,皆甃以甓,大瓦作水沟;每门建戍楼,以谨斥堠、严烽燧;当人马陟降处,皆列置蛾眉甬道;门内外构屋,设官居之,以察非常。城于是备矣。"此次重建,征用十馀万民工,费时五月,筑成周四十五里、高三丈三尺的新城。

元末,天下大乱,烽烟遍地。至正十三年正月,盐贩张士诚与弟士义、士德、士信及李伯昇等十八人,招集盐丁,在泰州起事,连克兴化、高邮。十四年正月,士诚自称诚王,僭号大周,改元天祐。十六年二月攻占平江,据史册《隆平纪事》记载,士诚"改平江路为隆平郡,筑月城";"以承天寺为王府,迁佛像,踞坐大殿中,亲射三矢于栋,以定都隆平告四方";"立省院六部百官","择寺观豪门为省院部司及诸将士所居,分夺互易,数月乃定";"命籍户部田赋,皆仍元旧,悉免凤逋,赐今年田租十之四,并赐高年粟帛及贫民粥糜";"设学士员,开宏文馆,将吏子弟、民间俊秀游其中者,皆给廪饩,岁比其业;设礼贤馆,诏四方明博之士居之;命筑常熟、吴江城,又遣将吕珍筑嘉定城,并易土以砖石;命设郡劝农使、县劝农尉,讲修水利"。

至正十六年,张士诚"筑月城"是苏州城墙史上的一件大事,洪武《苏州府志》卷四称"至张士诚入据,增置月城等项","增置"者,过去所无也。月城即瓮城,乃城门外的小城,曾公亮《武经总要·守城》说:"城外瓮城,或圆或方,视地形为之,高厚与城等。"它在城市保卫战中具有重要作用。民国《吴县志》卷五十九《金石考一》著录:"《新建瓮城记铭》,天祐四年居民等立,藏腾冲李氏。""平江路城砖文,正书五字,《吴郡金石目》考为张士诚入据增置月城时新制。"两者都是士诚增筑月城的重要文献。

当时平江城六门,都增筑了月城,明清时期,苏州城墙几经修葺,月城之制不易,娄门更增筑了两道月城,至今盘门仍得以保留。又,凌泗、谢家福辑《五亩园志馀》引祝元文《识小录》:"士诚于阊、齐两门之间,另辟西、北两门,西门适对虎丘山,北门适对大营门。"此事未见他书记载,故存而勿论。

至正十七年,由于张士诚在与朱元璋的交战中频频失利,于是降元。《隆平纪事》说:"授士诚太尉,开府平江,士德淮南平章,士信同知枢密院事,立江淮分省、江浙分枢密院于平江,以处其官,属将吏皆授官有差。元以达识帖睦尔有招安功,加太尉。张虽去伪号、奉正朔,而土地、甲兵、钱粮自据如故。以苏州子城为太尉府。"

张士诚迫于当时形势,注重筑城防守。据《隆平纪事》记载,十六年七月,"筑土城于平望";十七年正月,"筑昆山、太仓城御方国珍";六月,"筑城于虎丘。命潘原明筑吴兴城,即旧城而小之,务在坚厚而固";十月,又"筑湖城,城据太湖之南滨,东西亘百馀里,号一字城,沿城筑堑,以防明师侵轶。又筑邵昂土城"。

虎丘城是直接关系郡城的防御工事,《隆平纪事》称起筑于至正十七年六月,而主持筑城的周南老则说在是年冬季。周南老有《至正丁酉冬督役城虎丘连月馀赋诗八首录呈居中禅师》,其中一首云:"白发趋公役,驱驰上虎丘。空惟追旧赏,无复纪清游。红叶自秋色,青山惨暮愁。凭轩凝伫久,谁与话绸缪。"明年春,郏经偕友游虎丘,城已成矣,郏经《春陪吕志学曾彦鲁刘仲原同登虎丘赋呈居中长老》云:"虎丘山前新筑城,虎丘寺里断人行。梵僧自识灰千劫,蜀魄时飘泪一声。渐少松杉围窣堵,无多桃李过清明。向来游事夸全盛,曾对春风咏太平。"从游诸人均有和作,吕敏有云:"山上楼台山下城,朱旗夹道少人行。"曾朴有云:"阊阖冢上见新城,无复行人载酒行。"刘本原有云:"一春不到阊阖城,花事阑珊却此行。"僧宁居中有云:"公馀联骑入山城,老衲追陪得散行。"诗中都提到虎丘新筑的城。关于淮张在虎丘筑城的事,史载甚略,知者不多,朱彝尊《跋虎丘诗集》就说:"其后志吴地者多未之及,由是虎丘筑城,吴人鲜有知之者已。予尝步山后,见遗址尚存,特未悉山南何以为界,大都鹤涧以南即城外地也。"

至于太湖南岸的湖城,金友理《太湖备考》卷二说:"附史志,湖城,张士诚所筑,北据太湖阴为固,起四都之充浦,抵湖州大钱港,为一字城,东西百馀里,城之北凿堑环之。明兵围湖州,士诚极力守此,以防明师之轶,而常遇春统奇兵,自太湖直捣大钱,破之。弘治间城废,堠橹犹有存者。今存遗址数处,其堑相传为运河云。"

当时,张士诚率部与其他各路农民军作战,攻城略地,逼走韩林儿,杀死刘福通,使红巾军几于崩溃。同时,征敛于民,每年通过海道运粮十馀万石至大都。因此他多次受赐御酒、龙衣的嘉奖。今报恩寺内的《隆平造像碑》(一作《张吴王纪功画像碑》),就绘刻了士诚款待元朝使者的场面。

至正二十三年,张士诚欲称王,具文呈报,未有答复,他就自称吴王,复改平江路为隆平府。《隆平纪事》说:"士诚拓土日广,南抵绍兴,北逾徐州,达于济宁之金沟,西距汝颖濠泗,东薄海,地方二千馀里,带甲数十万,户口殷盛,国用饶富。吴国公方与汉王陈友亮相持,未暇东顾,乃益骄,令其下颂功德,胁达识帖睦尔邀封王爵,达识畏之,为之请于朝,至再三,元不许。士诚乃自立为王,改国号曰吴,尊母曹氏为王太妃。"又,"立宗庙,吴王士诚亲告庙还,祀社稷群神";"置王府,官属定约束";"治王宫于郡城中,即旧郡治基拓之,广五百亩,中为殿,取宜兴、嘉兴、长兴土实之。初,士诚据承天寺为宫,至是令复为寺。"但士诚仍奉元朝正朔。一九六四年,在盘门外张士诚母曹氏墓中出土的象牙谥册上,镌有"至正二十五年"诸字,就是一个明证。

张士诚据平江时,虽战事连续,但城中依然繁华,杨仪《垄起杂事》记了两件事,一、"元夕张灯,城中灯毬巧丽,他处莫及,有玉栅灯、琉璃灯、万眼罗、百花栏、流星红、万点金,街衢杂踏,人物喧哗。士诚登观风楼,开赏灯宴,令从者赋诗,号望太平"。二、"城内淤川,士诚尝以彩漆金花舟施锦帆、载美人泛此,列妓女于上,使唱寻香采芳之曲。本朝高太史启诗云:'水绕荒城柳半枯,锦帆去后故宫芜。穷奢毕竟输渔父,长保秋风一幅蒲。'遂命其处曰锦帆泾。今府治西,衣带水是也"。

《垄起杂事》说:"丞相士信守湖州,妆二美姬以进,士诚起香桐、芳蕙二馆居之,又选三吴良家女八十馀人充内使,时宫阙未备,就于府后起重楼邃阁数十间,以为闺闱之所,总名之春锦园。"又取阳山白磻装饰阶面,"和以脂胶,久而不变,有水云、白雪、浪花、玉麟墀等,各以开制名也"。又据《隆平纪事》记载,至正二十四年,"丞相士信大治第于东城,号丞相府;司徒李伯昇治第于西城"。今已无可考其遗迹。据杨循吉《吴中故语》称"李司徒故宅,今吴县学宫是也",其址即今干将西路通和新村小区。

　　至正二十五年,朱元璋开始全面进伐张士诚。二十六年秋,徐达、常遇春等率大军将平江城团团围困,杨循吉《吴中故语》说:"城中被困者九月,资粮尽罄,一鼠至费百钱,鼠尽,至煮履下之枯革以食。于时城中士卒登垣以守,多至亡没。士诚聚尸焚于城内,烟焰不绝,哀号动地。"二十七年九月,平江城破,士诚尽驱其妻子眷属登齐云楼,纵火焚烧,自己则饮鸩自杀未遂,被押解应天府。士诚的死有不同说法,《隆平纪事》称其"终不食,自缢死,年四十七"。

　　这次平吴之战,死人无算,时人谢应芳《十月过吴门》有"无数云梯尽未收,髑髅如雪拥苏州"之咏。顾公燮《丹午笔记》说:"吴中自张士诚乱后,死者枕藉,积骨如山。明太祖命聚骴于六门隙地焚之,筑为大坎瘗焉,名曰孤魂坛。三元节中,迎神祭之。"经此战事,苏州人口锐减,元至元十七年约二百四十馀万,至明洪武四年则约一百九十馀万。但对整个城市破坏较小,惟整个子城被张士诚纵火焚毁,除南门尚存颓垣外,其他均成一片废墟,延续荒凉了五百多年,苏州人称那里为张王基、王府基或王废基。

王废基淮张故阡
摄于一九二〇年代

明清的繁华

明清时期,苏州是全国最重要的经济大城,虽几经战乱,但就总体趋势而言,人口聚集迅速,官府衙署增多,商业气氛炽盛,店铺林立,市招相望,各地会馆、各业会所纷纷兴建,第宅园林的起造蔚然成风,城市建筑密度大增,土地价格上扬,苏州府城进入全面繁荣时期,一直持续到咸丰十年太平军之乱。

朱元璋吴元年,即至正二十七年,江南平定,改平江路为苏州府,仍领两县四州。明洪武二年,降四州为县。八年,崇明县划归苏州府。弘治十年,又析昆山、常熟、嘉定三县附近三百十二里于太仓卫城置太仓州,领崇明一县。终明之世,苏州府领一州七县,一州是太仓,七县是吴、长洲、昆山、常熟、嘉定、崇明、吴江。清顺治二年,豫亲王多铎平定江南。雍正二年,升太仓州为直隶州,下辖镇洋、嘉定、崇明、宝山四县。长洲县析出元和县,常熟县析出昭文县,昆山县析出新阳县,吴江县析出震泽县。又因治理太湖的特殊需要,先后增置太湖厅、靖湖厅。有清一朝,苏州府领九县两厅,其中吴、长洲、元和三县为附郭县,一个府城有三个附郭县,在全国是特例。乾隆《苏州府志》卷一说:"苏州东距太仓,西通阳羡,南界嘉兴,北距大江,三县附郭而居,六邑环其外,山川钜丽,风土清嘉,江南之奥壤也。"

洪武初,朱元璋一方面重建专制统治的政治制度,进行中央和地方行政机构改革,整顿吏治,惩治腐败,制定法律条规;另一方面,建立新的户籍和赋役制度,奖励开荒,实行屯田,兴修水利,并颁布新的工商业政策,发行"大明宝钞"等,战后经济逐渐恢复。

但苏州一带的情况比较特殊,朱元璋憎恨曾经支持张士诚的江南豪族地主,对他们进行限制和打击,徙移十四万户于凤阳,使之远离故土,财势俱失。贝琼《横塘农诗序》就说:"三吴巨姓,享农之利,而不亲其劳,数年之中,既盈而覆,或死或徙,无一存者。"同时,中央政府对江南特别是苏州征收全国最重的税粮。《明史·食货志二》说:"惟苏、松、嘉、湖,怒其为张士诚守,乃籍诸豪族及富民田以为官田,按私租簿为税额。而司农卿杨宪又以浙西地膏腴,增其赋,亩加二倍。故浙西官、民田视他方倍蓰,亩税有二三石者。大抵苏最重,松、嘉、湖次之,杭又次之。"陆容《菽园杂记》卷五说得更具体:"苏州自汉历唐,其赋皆轻。宋元丰间,为斛者止三十四万九千有奇。元虽互有增损,亦不相远。至我朝,止增崇明一县耳,其赋加至二百六十二万五千九百三十五石,地非加辟于前,谷非倍收于昔,特以国初籍入伪吴张士诚义兵头目之田,及拨赐功臣与夫豪强兼并没入者,悉依租科税,故官田每亩有九斗八斗七斗之额,吴民世受其患。洪武间,运粮不远,故耗轻易举。永乐中建都北平,漕运转输始倍其耗。由是民不堪命,逋负死亡者多矣。"

这种状况一直延续到宣德、正统年间,苏州知府况锺在江南巡抚周忱支持下,进行一系列改革,在民生经济上主要采取三大措施,即"减浮粮"、"定济农仓"、"立义役仓",以"减浮粮"最为重要,疏请年减七十馀万石至八十馀万石,并招抚流民回乡,兴修太湖水利,恢复发展生产,苏州逐渐出现岁丰人和、经济小康的局面,城市面貌也日新月异。王锜《寓圃杂记》卷五说:"吴中素号繁华,自张氏之据,天兵所临,虽不被屠戮,人民迁徙实三都、戍远方者相继,至营籍亦隶教坊。邑里潇然,生计鲜薄,过者增感。正统、天顺间,余尝入城,咸谓稍稍复旧,然犹未盛也。迨成化间,余恒三四年一入,则见其迥若异境。以至于今,愈益繁盛,闾簷辐辏,万瓦甃鳞,城隅濠股,亭馆布列,略无隙地。舆马从盖,壶觞罍盒,交驰于通衢。水巷中,光彩耀目,游山之舫,载妓之舟,鱼贯于绿波朱阁之间,丝竹讴舞与市声相杂。"成化时人莫旦《苏州赋》也咏道:"至于治雄三寝,城连万雉。列巷通衢,华区锦肆。坊市棋列,桥梁枅比。梵宫莲宇,高门甲第。货财所居,珍异所聚。歌台舞榭,春船夜市。远土钜商,它方流妓。千金一笑,万钱一箸。所谓海内繁华、江南佳丽者与。"

由于经济上的宏观调整,自然经济模式发生转变,具有相当基础的手工业迅速发展起来,与农业一起构成苏州国民经济的两大支柱。手工业生产和消费的发展,使苏州的城市化进程加快,城市空间由城内向城外扩大,形成了新的城市格局。

前元胜国时,苏州主要市场还在城中乐桥一带,至明代中期,阊门内外的商市已全面成熟。正德《姑苏志》卷十八记有"月城市"："阊门内出城，自钓桥西、渡僧桥南分为市心，旧有阛阓坊，两京各省商贾所集之处。又有南北濠、上下塘，为市尤繁盛。"乾隆《吴县志》卷二十四说："金阊市肆，绸缎与布皆列字号，而布业最巨。枫桥以西市多米豆，南濠则川广海外之货萃焉，参苓药物亦聚于是。"就其地理布局来说，以阊门为中心，延伸出四条商市，即城外之上塘街、山塘街、南濠街，城内之阊门大街。

上塘街，自阊门直西至枫桥，与运河并行。郑若曾《江南经略》卷二《枫桥险要说》说："自阊门至枫桥将十里，南北二岸，居民栉比，而南岸尤盛，凡四方难得之货，靡所不有过者，烂然夺目。枫桥尤为商舶渊薮，上江诸郡及各省菽粟棉花大贸易咸聚焉，南北来往，停桡解维，俱在于此。"顾公燮《丹午笔记》也说："近代如前明公卿跨街坊表，今两旁俱占屋舍，乃知康庄大道有五马并行之说，并非虚语。推原其故，盖因前明数百家布号，皆在松江、枫泾乐业，而染坊、踹坊商贾悉从之。"晚明时，枫桥已成为江南最重要的粮食集散地，商品粮大量输入，再由枫桥转运他方。雍正时人蔡世远《与浙江黄抚军请开米禁书》说："江浙之米原不足以供江浙之食，虽丰年必仰给于湖广。数十年来，大都湖广之米辏集于苏郡之枫桥，而枫桥之米，间由上海、乍浦以往福建。"乾隆《吴县志》卷八称枫桥市"为储积米豆贩贸之总处"。

山塘街，自阊门稍西北至虎丘，与山塘河并行，绵延七里。自白居易修筑后，凡由郡城去虎丘都从山塘而往，或船或轿，水陆两便。及至明清，山塘上水巷逶迤，两岸楼宇高下错落，舟随橹转，树合溪回，鬓影衣香，薄罗明月，笑语歌呼，帘帷高卷；街上市廛栉比，店幌招摇，人群熙攘，百业兴旺。艾衲居士《豆棚闲话》第十则《虎丘山贾清客联盟》说："阊门外，山塘桥到虎丘，止得七里，除了一半大小生意人家，过了半塘桥，那一带沿河临水住的，俱是靠着虎丘山上，养活不知多多少少扯空砑光的人。即使开着几扇板门，卖些杂货，或是吃食，远远望去，挨次铺排，倒也热闹整齐。"徐扬《盛世滋生图卷》描绘了山塘市廛的景象，顾禄《桐桥倚棹录》也记载了山塘市廛的情状。

南濠街，自阊门直南至胥门。胥门为苏城西南交通枢纽，四方百货之所聚积，商贾贩夫之所经由，人居稠密，五方杂处，故胥门内外也是一个商贾云集之区，俗有"金阊门，银胥门"之说。联系阊、胥的南濠街，也市廛辐辏，百货骈阗。顾公燮《丹午笔记》说："又东西洋未通，货物寥寥，南濠亦非辐辏之区。国初，湖

金阊佳丽图卷 明 谢时臣绘

寇揭竿,上下塘又遭兵火,以后渐占官路,人居稠密,五方杂处,宜乎地值寸金矣。"徐锡麟《熙朝新语》卷十六说,南濠"明时尚系近城旷地,烟户甚稀,至国朝生齿日繁,人物殷富,闾阎且千,鳞比栉次矣"。乾隆《吴县志》卷八称南濠市"为储积药材、南北货贩贸之总处"。

阊门大街,又称中市大街,即今西中市、东中市,自阊门内直东,经皋桥抵卧龙街(今人民路)。明清时期乃郡城最繁华处,店家林立,红楼栉比,画舫衔接,歌管声闻,陆花靴、汪益美、孙春阳、雷允上等名肆都在那里。袁学澜《吴郡岁华纪丽》卷一记元宵灯市:"金阊中市,商旅骈萃,元夕将临,山陬海澨之珍异,三代历朝之骨董,五等四民之服用物皆集。衢三行,市四列,廛间尘涨,栏角风香。市楼当十字路,赁价高数倍,必先期出缗钱定看场,中设甀瓵帘幌,坐富贵豪右家眷属,笑语闻槛外。"由此也可见其一斑。

万历初,叶权在《贤博编》中举"今天下大马头"十处,枫桥、南濠便占了两处,"最为商货辏集之所,其牙行经纪主人,率赚客钱。架高拥美,乘肥衣轻,挥金如粪土,以炫耀人目,使之投之"。王心一《重修吴县志序》也说:"尝出阊市,见错锈云连,肩摩毂击,枫江之舳舻衔尾,南濠之货物如山,则谓此亦江南一都会矣,而其间风俗之淳漓、人民之消长,不能问也。"阊门内外成为天下富丽繁华之区,唐寅《阊门即事》咏道:"世间乐土是吴中,中有阊门更擅雄。翠袖三千楼上下,黄金百万水西东。五更市买何曾绝,四远方言总不同。若使画师描作画,画师应道画难工。"清康熙时人孙嘉淦《南游记》也说:"姑苏控三江、跨五湖而通海。阊门内外,居货山积,行人水流,列肆招牌,灿若云锦,语其繁华,都门不逮。"《红楼梦》开卷更写道:"按那石上书云,当日地陷东南。这东南一隅,有处曰姑苏,有城曰阊门者,最是红尘中一二等富贵风流之地。"

由于苏州城西形成经济特区格局,自胥门至阊门外迤逦而西,庐舍栉比,闾阎之望如绣锦一般,故嘉靖时当倭寇侵扰消息传来,就有于城外更筑一城之议。《天下郡国利病书·苏州备录下》引刘凤《阊西筑城论》:"若为预防虑,当合两濠,自丁家巷以西,环上下塘、山塘至枫桥为一城,而濠之上下水陆各置关隘,使可以守,两城夹焉,当必无患。而内又可藏斗舰,于濠上之商旅市易无损。且城得相为犄角,若成都之有少城,与襄、樊之并峙者。"未久,倭寇退去,此议遂罢。但当时仍在枫桥筑敌楼,以保卫阊门商市。乾隆《吴县志》卷七说:"枫桥敌楼在枫桥堍下,方广周十三丈有奇,高三丈六尺有奇,下垒石为基,四面甃砖,中为三

盛世滋生图卷·阊门大街 清徐扬绘

层,上覆以瓦,旁置多孔,发矢石铳炮。嘉靖三十六年,巡按御史尚维持、知府温景葵、知县安谦建。"同时又在木渎市东、葑门外筑敌楼,规制相同。

明代苏州手工业以丝织为主,嘉靖《吴邑志》卷十四说:"绫锦纻丝,纱罗䌷绢,皆出郡城机房,产兼两邑而东城为盛,比屋皆工织作,转贸四方,吴之大资也。"丝织而外,棉纺织、整染、纸张加工等传统规模产业,进入新的发展时期。手工艺行业也在成化前后复苏,继而乘时进趋。王锜《寓圃杂记》卷五说:"凡上供锦绮、文具、花果、珍羞奇异之物,岁有所增,若刻丝累漆之属,自浙宋以来,其艺久废,今皆精妙,人性益巧而物产益多。"及至嘉靖、万历年间,如金银器、铜器、玉雕、木雕、刻版、漆器、灯彩、装裱、刺绣、缂丝、织锦、制扇、乐器、玩具等行业,全面蓬勃发展。因此,晚明苏州已形成以手工业者为主体的新市民阶层。

商品经济的发展,促进手工业生产中游离出新的经济因素,苏州的丝织、整染、纸张加工等行业已孕育资本主义萌芽,然而由于社会制度的成熟和完备,苏州历来又是科甲鼎盛、官僚地主麇集的城市,孕育着的资本主义萌芽不能不渗透着封建生产关系,不仅程度微弱,进度也极缓慢。以丝织业为例,明初在苏州设立织染局,民间机户以存留形式编派在局服役,嘉靖二十六年开始推行领织制度,将民间机户作为官营工场的补充,于是逐渐形成独立的手工业行业。蒋以化《西台漫记》卷四则记隆庆时的情形:"我吴市民,罔籍田业,大户张机为生,小户趁织为活。每晨起,小户百数人,嗷嗷相聚玄庙口,听大户呼织,日取分金为饔飧计。大户一日之机不织则束手,小户一日不就人织则腹枵,两者相资为生久矣。"可见机户和织工间的相互依存关系。至万历年间,苏州有织工、染匠各数千人。《明神宗实录》卷三百六十一引万历二十九年应天巡抚曹时聘奏折:"机户出资,机工出力,相依为命久矣。""浮食奇民,朝不谋夕,得业则生,失业则死。臣所睹见,染坊罢而染工散者数千人,机房罢而织工散者又数千人,此皆自食其力之良民也。"入清以后,丝织业更为繁荣,《古今图书集成·职方典》卷六百七十六引《苏州府志·风俗考》:"比间以纺织为业,机声轧轧,子夜不休。贸易惟棉花布,颇称勤俭。郡城之东,皆习机业,织文曰缎,方空曰纱,工匠各有专能。匠有常主,计日受值,有他故,则唤无主之匠代之,曰唤代。无主者常立桥以待,缎工立花桥,纱工立广化寺桥,纺线者曰车匠,立濂溪坊,什百成群,延颈以待,如流民相聚,粥后俱各散归。若机房工作减,此曹衣食无所矣。"

纵横姑苏

康熙南巡图卷(局部) 清宋骏业绘

由此可见,晚明苏州劳动力市场已牢固确立,雇佣制已普遍化,工匠按专业计日受雇,劳动力转化为商品。临时性工匠,清晨按惯例站立某桥,等待招用。顾震涛《吴门表隐》卷二于此作了补充:"花桥,每日黎明花缎织工群集于此。素缎织工聚白蚬桥。纱缎织工聚广化寺桥。锦缎织工聚金狮子桥。名曰立桥,以便延唤,谓之叫找。"所记诸桥,都在城东北隅,可见丝织业相对集中的状况。

苏州城市的经济结构和人群居住格局,在晚明时已大致形成。城西北以阊门为中心,比户贸易,牙侩辏集,且多踹染业工坊,与此紧相配套的,妓院歌馆、酒楼坊肆相连。城东北则主要为机户所居,丝织业工坊密布其间。城南一带,城市空间被官署、仓储、学校、寺院等所据较多,再加上南园是一片广袤的菜圃,故街巷间民居相对较少。顾炎武《肇域志·江南八·苏州府》说:"胥、盘之内,密迩府县治,多衙役厮养,而诗书之族,聚庐错处,近阊尤多。"在苏候补官员则大多赁居城南。乾隆以后,葑门内一带,世族大家也渐渐增多。顾公燮《丹午笔记》说:"即如盘、葑两门,素称清静,乾隆初年或有华屋减价求售者,望望然去之,今则求之不得。"至嘉道年间,观前街一带也开始热闹起来,张紫琳《红兰逸乘》卷一说:"观前街旧名碎锦街,有桥对观者,名碎锦桥。钱补履云,康熙年间,居民鲜少,立桥上望见张王府基,一片荒烟蔓草。今则廛闬扑地、挂辖驾肩矣。"

因此,苏州城内的东西南北,就形成不同的社会现象和社会风气。且引几条史料,聊窥一斑。

顾炎武《天下郡国利病书·苏州备录下》引曹自守《吴县城图说》:"卧龙街东隶长洲,而西则吴境。公署宫室以逮商贾,多聚于西,故地东旷西狭,俗亦西文于东也。乃西居要冲,节旄茌止无虚日,使舟如织,骚动候吏,送迎供亿,宰县者实苦之。""盖吴民不置田亩,而居货招商,闤阓之间,望如绣锦,丰筵华服,竞侈相高,而角利锱铢,不偿所费,征科百出,一役破家。说者谓役累土著而利归商人,亶其然乎?故外负富饶之名,而内实窭困者,智俗使然。城中两邑并峙,有役率均,吴民应役每先,以在西则呼摄便尔。在城之图,以南、北为号,各分元、亨、利、贞,以统部居民。南号差不及北,以地有间隙,稍远市廛。阊、胥、盘三门外曰附郭,即以阊、盘为号,而胥固略之矣。然自胥及阊,迤逦而西,庐舍栉比,殆等城中,此侨客为多。"

乾隆《吴县志》卷二十四:"东城之人,或贸易,或治产,大概勤于作家,吝于烦费。在西城者,贸易多而治产少,好华美而羞俭啬。故长、元之富者多真实,吴邑之富者多浮夸。人第见阊胥之间,百货丛集,急公治私,咄嗟而办,而不知其十室九空,多藉客资以为豪举,非真自有馀也。故长、元之富者,恒数世不绝,而吴邑之富者,或易世而贫,或及身而尽,有昨称百万而今遂立锥无地者。此不可不思长久之计也。"

乾隆《元和县志》卷十:"今之元和,昔之长洲也;昔之长洲,古之吴会也。风气习俗大约不甚相远,然细分之,即一城之内亦有各不相同者。娄葑偏东南,其人多俭啬,储田产。齐门勤职业,习经纪,不敢为放逸之行。盘门地僻野,其人多贫,类乔野,习于礼貌,娴于世务者鲜。阊胥地多阛阓,四方百货之所集,仕宦冠盖之所经,其人之所见者广,所习者奢,拘鄙谨曲之风少,而侈靡宕佚之俗多矣。"

明代中叶以后,由于苏州商品市场面向全国,甚至海外,苏城内外,客商云集。乾隆《吴县志》卷八说:"吴为东南一大都会,当四达之冲,闽商洋贾、燕齐楚秦晋百货所聚,则杂处阛阓者,半行旅也。"乾隆二十七年《苏州新修陕西会馆记》说:"苏州为东南一大都会,商贾辐辏,百货骈阗。上自帝京,远连交广,以及海外诸洋,梯航毕至。"来自浙江、安徽、江西、福建、广东、湖南、湖北、山东、山西、河南等地的创业者、就业者辐辏一地。如《世宗宪皇帝硃批谕旨》卷二百引雍正元年苏州织造胡凤翚奏折:"奏查苏州系五方杂处之地,阊门南濠一带,客商辐辏,大半福建人氏,几及万有馀。"康熙九年《苏州府为核定踹匠工价严禁恃强生事碑》说:"所用踹布之人,俱从江宁属县远来雇工者甚多。"康熙五十九年《长吴二县踹匠条约碑》说:"苏州内外踹匠,不下万馀,均非土著,悉系外来。"由此可见,苏州城市移民规模之大。

苏州工商业的繁荣发展,加速了城市人口积聚,城市规模不断扩大。康熙十三年,苏州府七县一州人口,约一百四十三万。嘉庆二十五年,苏州府附郭吴、长洲、元和三县人口达二百九十七万,府城人口超过六十万,成为仅次于北京的中国第二大城市。

明清时期,各地客商纷纷在苏州建造会馆,数量之多,建筑之巨,在其他通商大邑是少见的。会馆之设,出于多种需要,无非是"萃其涣而联其情"。且看几方碑记所述,乾隆十七年《金华会馆记》:"虽苏之与婺,同处大江以南,而地分吴越,未免异乡风土之思。故久羁者,每喜乡人戾止,聿来者,惟望同里为归,亦情所不能已也。"乾隆四十九年《潮州会馆记》:"圣朝景运日隆,都会名区,五方士商辐辏,于是有会馆之设。迓神庥,联嘉会,襄义举,笃乡情,诚盛典也。"嘉庆十八年《姑苏鼎建嘉应会馆碑引》:"会馆之设,所以展成奠价,联同乡之谊,以迓神庥也。姑苏为东南一大都会,五方商贾,辐辏云集,百货充盈,交易得所。故各省郡邑贸易于斯者,莫不建立会馆,恭祀明神,使同乡之人,聚集有地,共沐神恩。"乾隆二十七年《苏州新修陕西会馆记》:"吾乡之往来于斯者,或数年,或数十年,甚者成家室,长子孙,往往而有。此会馆之建所宜亟也。"苏州较有影响的会馆,有江西会馆(在留园路)、岭南会馆(在山塘桥西)、金华会馆(在南濠街)、陕西会馆(在山塘街)、全晋会馆(先在山塘街半塘桥,后徙中张街巷)、东齐会馆(在山塘街)、潮州会馆(先在北濠街,后徙阊门内上塘街)、嘉应会馆(在枣市街)、三山会馆(在万年桥堍)、金华会馆(在南濠街)、八旗奉直会馆(在拙政园)、武安会馆(在天库前)、汀州会馆(在上津桥东)等。

　　会馆的建筑,大都颇具规模,不乏旷敞靡丽者。如江西会馆,雍正十二年《江西会馆万寿宫记》说:"祠大门稍进,则分中门东西两角门,中门阃内,则设演戏台,拱立北面,以祝真君寿诞,以歌太平有道休征,奏敷功也。中有大院,为甬道,宽绰可容旋马,两旁各建回廊,深邃而直上,有廊楼以便同尊严,高三丈有六,宽八丈有奇。殿之中,巍然高坐。肃肃雍雍,即真君圣象,香台几案,无所不备,昭其敬也。大殿东西两院,各设客厅一所,高轩爽朗,凡拜祝公议人客,以及首士驻足其中。亦有院进,则后殿在焉,高四丈馀,宽亦如前,上有楼,楼之中,祝天后圣母,四壁高窗,目极千里,虎丘远映,诚玩昼门户,以待同乡皇华当路之贵,衣冠文物之士,安客途也。且不特此也,一殿两墙后房楼七向,祠前店屋五间,出租收真君岁时伏腊香灯,崇享祀也。"再如三山会馆,道光十年《重修三山会馆勤助姓名碑》说:"自水马道头石碑坊、左右鼓亭、头门、仪门、戏台、看楼、大殿、梳妆楼、南北□□□花□□□□□文昌阁、星宝阁、武帝圣殿,南边水仙、财神两殿,高会堂北边一枝山房、妈祖殿等,焕然一新。"

　　苏州各行业的公所,也纷纷建立。持续较久、影响较大的公所,有纱缎绸绫业的七襄公所,染坊业的文绚公所,洋货业的咏勤公所,金线业的嘉凝公所,装修置器业的承善公所,木柴业的永和公所,纸业的两宜公所和绚章公所,刻字业的剞劂公所,印书业的崇德公所,掌礼业的茶礼公所,庖厨业的庖人公所,饭业的膳业公所,漆作业的性善公所,金箔业的丽泽公所,木器业的置器公所,硝皮业的永宁公所，估衣业的云章公所，寿衣业的安仁公所，药材业的泰和公所，水木匠业的梓义公所，木业的巧木公所，缏绳业的采绳公所，米豆业的五丰公所和声叙公所，织缎工匠业的霞章公所，布业的尚始公所和新安公所，炉饼业的集庆公所，瓜帽业的咸庆公所，银楼业的安怀公所，金银丝抽拔业的崇礼堂公所，红木梳妆业的三义公所，肉店业的三义公所，猪行业的毗陵公墅，海货业的永和公堂，酒行业的醴源公所，烛业的东越会馆，煤炭业的坤震公所，剃头业的江镇公所，以及玉业公所、钱业公所、典业公所、面业公所、成衣公所、菜业公所、水炉公所、冶坊公所、明瓦公所、石业公所、小木公所、圆金公所、裘业公所、香业公所、茶叶公所、酱业公所、柏油公所、梨园公所等。

公所的规模，一般差小，如南采莲巷安仁公所，光绪二十五年《寿衣业创建安仁公所碑记》说："乃于吴门康济善局之左，余有旧置数弓地，即其址立公所，颜其额曰'安仁'。鸠工庀材，成南面听事三楹，东西厢各一，为议事地；面北一楹为飧室，奉木主，少伸饮水思源之微意。"再如东美巷的酒馆业公所，光绪二十八年《酒馆业集资移设公所仍照旧规办理碑》说："计坐东朝西平屋两进六间，披厢一个，地基一方。"也有规模较大的，如文衙弄七襄公所，即今艺圃之址。杨文荪《七襄公所记》说："局既定，乃疏池培山，堂轩楼馆、亭台略彴之属，悉复旧观。补植卉木，岭梅沼莲，华实蕃茂，来游者耳目疲乎应接，手足倦乎攀历，不异仲子当日矣。"包天笑《钏影楼回忆录·自桃花坞至文衙弄》对七襄公所的建筑和园池也有详细的描写。

会馆和公所是苏州经济史的重要内容，也是研究城市布局所不能忽视的。

明清时期苏州城市建筑还有几个值得注意的现象。

一是城内外水道侵占日趋严重。

张国维《苏州府城内水道图说》说："城内河流三横四直之外，如经如纬者，尚以百计，皆自西趋东，自南趋北，历唐宋元不堙。入我明，屡经疏浚。嘉靖以前，仕宦烜赫，居民丰裕，盖吴壤以水据胜，水行则气运亨利，更随巷陌，舟楫通驶，凡载运薪粟，无担负之烦，殷殷富庶有以哉。隆万后，水政废弛，两崖植木甃石，渐多侵占，及投瓦砾秽积，河形大非其故。"以阊门运河为例，顾公燮《丹午笔记》说："旧闻吾苏自枫江以下，河面宽有里许，两岸植芙蓉，故名芙蓉塘。行舟过此，必祀天妃，其险可知，今之娘娘浜是也。"万历前后，运河渡僧桥段，因市廛辐辏，河道渐为商家侵占，张内蕴、周大韶《三吴水考》卷三就说："惟渡僧桥以西一带,剥占日增,河形日狭,运船难行。"虽几经清查改正,但收效甚微。

这一现象带有普遍性,乾隆《吴县志》卷八说:"吴邑城乡皆水,非桥梁不济,故创建独多。但城内外之桥,大半为土人淤塞,遂成民居,有桥存,而舟楫不入者,已失河之故道,而城中为甚。"嘉庆二年《重浚苏州城河记》说:"顾其地当都会,市廛阛阓,栉比鳞差,粲乎隐隐。遂多叠屋营构,跨越侵逼。且烟火稠密,秽滞陈因,支流易壅。"据同年《苏郡城河三横四直图》记载,城内河道总长约五十七公里,至民国时期,减至约四十公里。至今所见水巷逶迤、楼台相峙的景观,就是这样形成的。

二是城市建设注重消防。

明清苏州为东南都会,时有火灾发生,特别是阛阓之区,一旦失火,往往连绵数百家。以南濠为例,乾隆《吴县志》卷二十六记崇祯二年十一月二十一日,"阊门南濠大火,延烧三百馀家,两日方熄",又,康熙五十二年十月初五日,"日暮,阊门外南濠失火,延烧二百馀家,吊桥拥挤,人不能出入,至立而自毙及堕河死者三百馀人"。当时尚无专业的消防机构,火灾发生,往往由里正组织扑灭。乾隆以后,每里置水龙,大大提高了救火效率。水龙乃西洋发明,康熙初苏州人程肇泰引进仿制,民国《吴县志》卷七十二引乾隆旧志:"水龙,苏州程封君肇泰始仿西法为之。冶锡为筒,屈其颈若鹤喙,鼓之以橐籥,钥扼其机,跃水数十丈,从空而下,所向火,易扑灭。初成,会城西升平里火,封君自率傔从,赍水龙,救熄之。由是苏人竞传其制。乾隆十一年,知府傅椿令城内外每图必制一具,以备仓猝,甚为民利。"直到晚清,善堂、公所、商会等组织的龙社,都配备水龙。

另外,开辟水弄是积极的消防措施。以南濠水弄为例。南濠乃阛阓百货所萃,商家毗连,几无隙地,一失火,虽濠在咫尺,却无从汲水。乾隆八年,巡抚陈大受、知府觉罗雅尔哈善建南濠水弄,广其旧者两,曰信心弄,曰姚家弄,扩其新者三,曰同善弄,曰中正弄,曰兴仁弄,凡五条,每条阔仅两三步,西自街面,东通濠上。水弄的开辟,一方面可直达河边,方便

水巷 摄于一九二〇年代

了汲水；另一方面间隔了建筑的距离，以防火势蔓延。

当时繁华之区还以埠头作为取水通道，光绪二十年《吴县示禁清理张广泗附近摊柜以防火灾而通水埠碑》说："去年十二月初九夜，东中市上下塘失慎，水龙取水，以张广桥堍为最近。查桥之四堍，向均有起水埠头，现在西南角一水埠，今春为沈万兴鸡鸭店搭出柜台，占住水路，西北角之水埠为糖果摊子及垃圾堆满，仅剩东北及东南两埠可通行走，桥面也为摊棚所占，只剩狭路，火起之时，尚不肯拆，以致南北往来，极为拥挤。后□之合，水龙不能在张广桥水埠取水，转向皋桥及泰伯庙□汲取，舍近求远，殊形不便。现值东中市上下塘被灾后，瓦砾堆积，街衢阻□，已由绅等募资，□轮香善局督工，挑出城外，并拟将张广桥四旁水埠出清垃圾，修好□□，以通水路，而复旧观。"

三是重视水环境保护。

入清以后，染整是苏州府城的一大产业，染坊、踹坊大都集中在上塘河两岸、山塘河两岸，这使河水遭到严重污染，"满河青红黑紫"，"各图居民无不抱愤兴嗟"。乾隆二年，苏州府暨附郭三县立碑禁止。至今仍嵌置虎丘山门壁间的《奉宪勒石永禁虎丘染坊碑记》，分析了河水污染带来的危害，一是"纠壅河滨，流害匪浅"；二是灌溉农田，定伤苗禾；三是居人饮用，毒侵肠胃；四是"傍山一带，到处茶棚"，游人"不堪饮啜"。因此"出示严禁，并饬将置备染作器物，迁移他处开张，取具遵依在案"，"如敢故违，定行究，凛之慎之"。正因为这个缘故，染坊都迁往娄门一带。此碑是我国历史上第一件河流水质保护法令，在世界上亦属较早，比英国一八三三年颁布的《水质污染控制法》早九十六年，比美国一八九九年颁布的《西部河川港湾法》早一百六十二年。

整个清代，染坊业长期处于保护环境和发展生产的矛盾中。宣统元年，吴县署照会苏州商务总会，称"凡设染坊，即一里之中，水为变色，居民饮水、洗濯均受其害，甚碍卫生"，然而考虑商家利益，"迁往城外，耗费生财，实属为难"，"姑准暂免迁移，但严禁添设，如有闭歇之户，不准再在原处顶替复开"。由此而入民国，文绚公所章程规定："染坊一业，于前清光绪三十二年，由长元吴三县详奉巡警道汪指示，嗣后不准再在城内开设染坊。一九二一年复奉警察厅长饬区派警会同公秘司事按户编查造册呈送，就现开一百零四户为限，不准添开有案，凡我同业均宜遵守，以维功令。但城外河道宽阔地方，不在取缔添开之列。"限止染坊业的发展，在很长时期里是苏州保护水环境的措施。

近代的变迁

咸丰十年四月,太平军进逼苏州,清驻军总兵马德昭奉巡抚徐有壬令,烧毁阊门城外民房,空旷其地,以作固守。潘锺瑞《苏台麋鹿记》卷上说:"马德昭传令焚毁沿城民房,而城脚濠边一椽未动,所焚者方基上塘、渡僧桥之左右,皆市廛殷实处,而广东匪类亦率人放火于南濠前后,为乘此劫夺。""嗣后城陷,贼中放火处,阊门中市自西及东,直巷则专诸巷、吴趋坊,横巷则天库前至周五郎巷,延及刘家浜,房屋之后半尽为煨烬。""始时无夜不火,阊门一路无论矣,南濠两岸直至胥门万年桥,城内学士街、道前街,延至太平桥,葑门则十泉街,东则平江路,中间临顿路、护龙街,凡十字路口市廛最密处,无不投以炎火。盖欲使苏城无复有市集贸易之所,民不得谋生,势必委而去之,以此知贼无固志。"王步青《见闻录》也说:"城内街道为贼之馀火所延,无人扑灭,贼亦不顾。如临顿路、养育巷等处,街窄不逾半丈,市屋相对,比连数里,悉燃于火,日夜不息。日则爆烨之声盈耳,横塞浓烟;夜则照曜火光,远望如火街一道,静无人声。如是匝月,贼始踞城。"这是苏州历史上的一大浩劫,逃难者大半,死难者无算。据同治《苏州府志》统计,道光十年苏州府附郭吴、长洲、元和三县人口为三百四十万,乱后的同治四年已不足一百三十万。府城人口锐减更厉,乱前居民不下六十万,《苏台麋鹿记》卷上记太平军据苏后,城中六城门分段立局,"七局送册,合计尚有八万三千馀口许"。

太平军据苏期间,改筑了城墙和六门,《苏台麋鹿记》卷上说:"贼酋改阊门曰大西门,胥门曰小西门,盘门曰南门,葑门曰小东门,娄门曰大东门,齐门曰北门。守御之计,将雉堞一律砌平,外加白垩,内如短垣,仅留砲口。每距数百步,搭盖芦篷一座,幂以布,似营非营(后又接连造瓦屋如长廊),中设更鼓,每夜派人打鼓坐更,昼则虚插旌旗而已。"《见闻录》说:"又加造城垣,高数尺,改城皆右旋,城门皆左向。取民舍木材,环架长屋于城陴,以蔽风雨。六门周围,一色黑瓦,城影如蟠龙。"凡寺观祠庙,拆毁殆尽,"苏城有圣庙三,悉为瓦砾之区。一切神佛庙宇,或毁或焚,无有存者"。太平军将士所居皆民宅,称之为馆。《苏台麋鹿记》卷上说:"城初陷,贼不留宿,向暮放火而出,半月中设贼馆无多。迨欲久踞,乃分馆子,每巷大宅,一酋居之,其下分占邻屋,或满一巷;酋之大者,其下更多,或连数巷;络绎至者,逐次添设,有增无减,馀黎已是寥寥。"城中之馆约有三千处,每馆约十至数十人不等。"占踞馆子皆大家第宅,如北街潘爱轩、汪硕甫家,比连吴氏复园,都为忠逆府。其下皆伪称忠殿下,就近居住,大小等差,鳞次排列,占满一条北街。某官某衙延及临顿路一带。钮家巷留馀堂、任蒋桥存诚堂两宅,亦贼酋所踞。任蒋桥则伪左同检熊姓居之,堂中陈设一切未动,楹联犹是竹桥叔款,惟中设香案,茉莉珠兰时花盆景,分列甚多,案傍支架,悬赛会中大锣两面,不知何用。钮家巷贼中知是相府,始居大头目,后闻英逆将至,遂迁去,内外洒扫,大门尽用黄缎裱糊,预备迎接,从此遂为英府"。"忠逆"指忠王李秀成,所据者今拙政园、苏州博物馆址。"熊姓"指熊万荃,"英逆"指英王陈玉成。当时王府多至不可胜数,如陈炳文听王府在南北两显子巷,郜云官纳王府在单家桥,万镇坤劝王府在桃花桥北,汪安均康王府在大营门西等。各王府及将领宅前多建望楼,"凡大头目馆子门前,皆建瞭望高台,以巨木四支撑为架,上铺以板,缘梯而登为第一层,上亦如下而制稍杀。竖柱递接,以绳缠抱,高耸云际,凡四五层不等。昼则立旗,夜则悬灯,轮班派值。虽城外数十里,周遭数百里,一望瞭然。若三旗昼麾,三灯夜爇,则军情紧急矣"。城中最高的瞭望处,设于弥罗宝阁和北寺塔,《见闻录》说:"又于城心玄妙观后殿之弥罗阁,去其神像,建一台于屋顶。阁本三层,已见高峻,再立一台,愈见矗直。登台四望,目穷城外十馀里。每有战事,贼目必登而望之,号曰望妖台。又于城内报恩寺塔,插五色旗于上,城外战时,旗即向战处指,日有人司瞭望事。又坏虎丘塔,恶其可瞰城内也。"

有乌程人李光霁者,曾在太平军中做"先生",亲历了苏城的劫难,他在《劫馀杂识》中说:"每见颓垣破屋,骸骨重重,断发满地,感慨系之。过灵鹫寺,殿宇内外,乱石堆积如山。穿桃花坞,登北寺浮图,遥望烽火台矗立如林,沿途贼卡鳞次。卧龙街、临顿路等处,马步奔驰,男女杂沓,但见红云满目,盖一苏城已不过十馀万人矣。""苏城内绝无居民负贩交易,聚市金阊城外,每贼馆分给一牌,五十人以外者每馆给两牌,由首领处烙印,有事持之出城。城门设卡查验人数多寡,别给小票,进城缴票,对号领牌。无牌印出城以脱逃论,锁交巡查局究治,轻者苔刺,重者枭示。城门上髑髅累累然,以故被掠者不敢轻逃。"

自咸丰十年太平军陷城,至同治二年清军收复,整个城市的经济格局和建筑空间,发生很大变化,可以说是苏州由盛而衰的转折点。

同治三年起,开始陆续修复被毁坏的城墙、桥梁、寺观、祠庙、学校、仓库、街市、河道,然及至民国年间,城中仍多废墟,很多建筑从此消失,特别是寺观、祠庙,未再重建者犹多。可惜至今尚无一份太平军毁损苏州城市的评估报告。

鸦片战争后,清廷诏许官民人等信奉洋教,各地纷纷建起教堂,苏州也不例外,但大都建于同治至民国前期。城内外主要的基督教教堂,属监理公会的,有光绪七年始建的折桂桥教堂(一九一五年移建今十梓街东首,定名圣约翰堂),光绪十八年始建的救世堂(一九二四年移建今慕家花园东口),一九二一年在宫巷落成的乐群社会堂(乐群社);属长老会的,有同治十一年在养育巷始建的使徒堂,光绪二十五年在福音医院始建的崇道堂,二十七年在上塘街上津桥东始建的救恩堂;属南浸信会的,有光绪十四年在临顿路苹花桥南始建的浸礼会堂,宣统元年在谢衙前始建的嘉音堂;属圣公会的,有光绪二十五年在桃花坞始建的天恩堂等。主要的天主教教堂,有同治五年始建的北街堂、六年重建的杨家桥堂、十二年始建的大新巷堂等。教堂建筑高耸于传统民居的瓦屋垒堆中,为古城带来别样的景象。

光绪年间,美国基督教监理公会以天赐庄为传教基地,不但建造教堂,还开办学校和医院。光绪三年,传教士蓝华德创办中西医院。九年,蓝华德偕妹婿柏乐文续建博习医院,乃苏州最早的西医院。光绪五年,传教士潘慎文创办存养书院,十年扩大校舍,提高学制程度,改名博习书院。光绪十三年,女传教斐医生创办妇孺医院,附设女医学堂,招收女生,最早培养女性医务人员。光绪二十七年,美国基督教监理公会创办东吴大学堂,以"注重学业,培养品格,树立优良学风,提倡服务精神"为宗旨;以"造就完美人格"为校训。开办当年,就起造教学大楼。主楼落成于光绪二十九年,为纪念首任董事长林乐知,名为林堂;图书馆落成于宣统三年,为纪念首任校长孙乐文,名为孙堂。林堂统高三层,中央局部五层,设四面时钟塔楼一座,南立面为花岗石凿成精细花纹图案拼装的大型漏空花窗,形制美观;北面有花岗石与砖墩砌筑的独立柱廊,支承八个连续拱

东吴大学堂　摄于一九一〇年代

券,风格独绝。孙堂高四层,立面局部为古城堡式,门窗拱券形式各异,有木梳券、火焰券、尖顶式等,配以红墙及小波形白铁皮屋面,远望宛如欧洲古城堡。范烟桥《茶烟歇·杏坛花雨》说:"林堂古拙如故家贵邸,孙堂质朴,葛堂坚固,维格堂华适,子实堂静穆,各具特征。"

以东吴大学堂林堂、孙堂等为代表的近代西洋建筑,乃是西风东渐留下的历史痕迹,反映了开放格局下苏州城市面貌的变化。

同治二年冬,李鸿章在胥门外创办苏州洋炮局,以四千九百多两白银买下阿思本舰队修理船上的机械设备,有蒸汽机锅炉、车床、铣床及熔炼浇铸用的化铁炉、铁水包等,主要生产枪弹和炮弹。苏州洋炮局是中国引进英国技术装备的第一家机械化兵工厂,标志着苏州近代工业的诞生,在"师夷长技"舆论倡导下,苏州开始了洋务运动的具体实践。

光绪二十一年,《马关条约》签订后,苏州被辟为通商口岸,苏州官方就有意识地在城南规划经济开发区,这在中国开发区历史上是值得记述的。在灭渡桥成立苏州关监督公署和苏州税务司署,开始与各国通商贸易。当时,两江总督张之洞有感于日本的经济侵略和中国的国力衰弱,竭力主张发展实业,以与列强抗衡。在他的支持下,当即由江苏苏州布政使司出面,向苏松等地绅商借款五十四万八千两,并由地方积谷、水利备荒项下先行借垫纹银二十三万五千两,在盘门外成立苏州商务局办苏经苏纶股份有限公司,委任丁忧在籍的国子监祭酒陆润庠任总董。光绪二十二年,苏经丝厂建成投产,时有意大利缫丝机二百零八台,工人五百余人。翌年缫丝机增至三百三十六台,工人增至八百五十余人,年产丝五百至六百二十市担。二十三年,苏纶纱厂建成投产,时有纱锭一万八千二百枚,工人二千二百余人,分日夜两班生产,年产粗纱约一万四千件。与南通大生纱厂、无锡勤业纱厂并称"中国纱业之先进"、"新工业之前导"。光绪二十二年,黄宗宪、王驾六等集银五万九千两,在灭渡桥筹建恒利丝厂,翌年投产,时有意大利缫丝机一百零四台,是为苏州第一家商办丝厂。至一九二七年前后,年产丝二百七十市担。

光绪二十三年,签订《中日通商苏州日本租界章程》,在城南辟日租界,"将苏州盘门外相王庙对岸青旸地,西自商务公司界起,东至水绿泾岸边止,北自沿河十丈官路之外起,南至采莲泾岸边止","照竖界石,作为日本租界",占地四百八十三亩有奇。同时,辟通商场,签订《苏州通商场章程》,对各国开放,也称"公共租界"或"各国租界",其范围西至日本租界东,东至运河岸边,占地四百三十二亩有奇。当时进驻日租界、通商场以及盘门外一带的外资企业,有日资的大东汽轮公司、戴生昌汽轮公司、中欧缫丝公司有限公司、麦兹逊茧灶公司、立兴汽轮公司、蓬莱轩饼干公司、三盛堂大药房、亚细亚油公司、洋油堆栈,英资的老公茂汽轮公司、永年人寿保险公司、东洋堂、丸三药店,意资的繁乃家旅馆,德资的经营菜籽公司,法资的吉原繁子旅馆酒作等。苏州府邮政总局也在灭渡桥成立,开展邮政业务。封闭的苏州古城,迅速向近代开放城市转进。

据一九一二年《江苏省实业行政报告书》,当时吴县有工厂七十六家,工人万馀人,年产价额三百万元,仅次于上海、无锡、南通。一九一四至一九一八年,由于第一次世界大战,苏州民族工业有所发展,先后开办了一批股份制的丝织企业,如苏经纺织厂、振亚织物公司、东吴绸厂等,并试用电力织机获得成功。一九二七年北伐战争后,国民政府革除厘卡制度,形成国内统一的市场,推动了苏州民族工业的全面发展。苏纶纱厂进入期货市场,面向全国销售,纱锭增加近一倍,并开始用电力机器织布。丝织业则将电力织机与精湛的传统技术相结合,新创了许多价廉物美的品种,重占国内外市场,同时完成了丝织业由手工工场向近代工业的转变。鸿生火柴厂、华盛造纸厂、华章造纸公司、太和面粉厂等近代工厂,也出现欣欣向荣的生产局面。铁器、竹器、窑货、家具、雨伞、眼镜、农具、水木匠、髹漆、刺绣、草鞋、夏布、缝衣等传统手工业依然兴旺,浒墅关织席、唯亭织毯则尤为著名。金融、电力、交通、邮电等都有新的发展。

青旸地日本租界　摄于一九〇〇年代

随着日租界和通商场的开

青旸地马路
摄于一九一〇年代

辟,苏州的商业中心有所转移,城市面貌发生很大变化。

由于太平军之乱,阊门、胥门外的商市几毁于兵燹,殃及西半城,东半城相对损失较小,这使得临顿路一带市面迅速兴起,颇形热闹。佚名《吴中食谱》说:"盖自临顿桥以迄过驾桥,中间菜馆无虑二十馀家,荒饭店不计,茶食糖色店称是,而小菜摊若断若续,更成巨观,非过论也。"于是遂有"吃煞临顿路"的俗语。同光年间,观前街上酒楼、饭店、茶食店等增多,玄妙观内茶肆、食摊丛集,故市井又有"吃煞观前街"之说,程瞻庐《苏州识小录·里巷》说:"城内有四街,性质各异,仓街冷落无店铺,北街多受阳光,观前街食铺林立,护龙街衣肆栉比。苏人之谣曰:'饿煞仓街,晒煞北街,吃煞观前街,着煞护龙街。'"

城南一带,烟囱高耸,厂房林立,盘门外、葑门外出现市廛繁华的景象。青旸地本是一片坟场,冢茔累累,白杨萧萧,颇为荒凉。自开辟日租界后,先后建领事署、警察署、小学、邮局、旅社、妓馆,又建公寓二十馀幢,筑横贯东西大道,又筑南北向小路,纵横道路遍植樱花,那里就开始慢慢热闹起来。《点石斋画报·冶游诲淫》报道说:"苏州青旸地一带,自日本开辟租界以来,市面虽日见兴旺,而烟户寥寥,尚多荒地。吴人囿于耳目,已诧为热闹之场得未曾有,以故倾城士女挈伴出游者,扇影衣香,络绎如织,而游手好闲之辈亦多错杂其间。"张春帆《九尾龟》第一回说,章秋谷从常熟来到苏州,"在盘门外一个客栈名叫'佛照楼'的住下。那苏州自从日本通商以来,在盘门城外开了几条马路,设了两家纱厂,那城内仓桥浜的书寓,统通搬到城外来,大菜馆、戏馆、书场,处处俱有,一样的车水马龙,十分热闹"。自沪宁铁路通车后,阊门再现繁荣,青旸地一带市面渐渐消歇。及至民国,当年所植樱花树已年年开花,每当花时,烂漫如轻云,游人纷至沓来。

光绪二十九年,沪宁铁路尚在建设之中,阊门外已开始大兴土木,修筑了一条从车站经由阊门、胥门、盘门外的大马路,至三十一年沪宁铁路苏州段通车,阊门外一带凭借水路、陆路、铁路之便,旅客群相趋之,市面日盛一日。首开苏州新式旅社历史,至民国初年,阊门大马路有三新旅社、中华旅社、利昌旅社、惠中旅馆、新江旅社、苏州饭店、苏州第一旅社、苏台旅社等,桃源坊有新苏台旅社,丁家巷有铁路旅社,钱万里桥堍有惟盈旅馆。酒楼饭店更是栉比鳞次,民国时期著名的店家,有义昌福(西号)、大庆楼、新太和、久华楼、宴月楼、同新楼、嵩华楼、功德林、一品香等。

苏州的妓业,也经历了这段曲折。范烟桥《茶烟歇·倡寮》说:"乾嘉时倡家多在山塘,即今冶坊浜一带,《吴门画舫续录》所谓'觅得百花深处泊,魂销只有冶坊浜'也。洪杨后,迁入城阓,即今仓桥浜一带,颇有秦淮水阁风光。商埠既辟,乃连袂出城,初集于青阳地,所谓'阊门过去盘门路,一树垂杨一画楼'也。(原诗为常熟宋玉才所作,其时当在康乾之际,不意二百年来,复能印证。)后铁道置站于阊门,商市亦随以东移,莺莺燕燕,复迁于阿黛桥边,而旧时门巷,无从方弗矣。"青旸地烟花之盛,《点石斋画报·盗舟赎妓》报道说:"苏阊叶小兰校书,烟花中翘楚也,自迁青旸地后,香巢稳筑,车马如云。"叶小兰外,名妓高小宝等也都在那里高张艳帜。汪述祖《苏州青阳地吟》云:"粥粥群雌去复回,楼头瀹茗笑颜开。莫言柳絮轻狂甚,半是斯饥季女来。"张一麐《青阳地竹枝词》云:"遥空鏖气结楼台,酒地花天孰主裁。寄语吴中诸子弟,销金一窟又安排。"自沪宁铁路通车后,又复迁至阊门外一带。叶楚伧《金昌三月记》说:"金昌亭,为苏州胜游荟萃之地。香巢十里,金箔双开,夕照一鞭,玉骢斜繫。留园之花影,虎丘之游踪,方基之兰桨,靡不团艳为魂,碾香作骨。亭午则绿云万户,鬟儿理妆;薄暮则金勒香车,搴帷陌上。迨灯火竞上,笙箫杂闻时,则是郎醉如醇,妾歌似水矣。""阿黛桥在后马路,为箫歌渊薮,伎家栉比以居。同春、同乐诸坊,门临桥干,重阁覆云。下眺马路,斜照中,五陵年少,连骖而过,时与楼头眉黛眼波疾徐相映。""黛桥诸坊而外,则有美仁等里,在石路一方,毗接山塘,犹秦淮之有旧院。花栏琴榭,小林居之,插柳双门,遂

阊门外大马路　摄于一九二〇年代

阊门外大马路　摄于一九二〇年代

成艳窟矣。"

自民国初年起,几度禁娼,但如何真能令行禁止,岳仁《姑苏印象》说:"广济桥边是城外最热闹的地方,从早到晚,始终拥挤着行人车辆,在这里没有大的商店、公司、菜馆,仅不过多数旅馆开在那里罢了;苏州天天高呼着禁娼,什么院呀居呀,当然是没有了,但是这班形似私娼的就一天多一天了,'钱能通神'这句话的确在任何一种情形都放得上,所以在华灯初上的时候,这班野鸡、咸肉之类,就整个的将旅馆塞满了,仅在阊门一带,据他们份内谈起,至少也有一千五百人左右,大多数是苏州四乡的人,由此可知虽在天堂的农村,大部分也都破产了。"碧星《苏州一瞥》也说:"苏州是明文禁娼的,不过在严行开始之后,热闹的阊门,几可罗雀。于是现在非但可以左拥右抱,而且只要你有兴致,来个'嘉兴八艳'或者'金陵十二'都办得到。这种情形只需你出了极低的价钱,住一夜旅馆便可知道。"

植园的建造,介乎辛亥前后,标志着苏州近代第一个公共园林的诞生。植园在府学以西,今新市路以南,东北通蜜蜂洞,西北近中军弄,本是一片旷地,且多荒坟,光绪末年巡抚陈启泰命知府何刚德承办营造事宜。何刚德《植园小山》诗注说:"植园创始,因文庙左近为爇馀丛冢,大府力促修治而惮于迁葬,乃度地得二百一十四亩,缭以园墙,相其丛莽疏密地势,绘成山形,然后锄地面瓦砾,堆积于上。一雨之后,草活泥匀,苍翠可观,爇馀残魂,居然青山埋骨矣。"当时在园中植树两万馀株,松、柏、椿、杉及罗汉松皆夹道分行,梅、桃、李则划地分栽,其他则以桑为多。宣统二年,程德潜来任巡抚,更为扩大,分园林区、农田区等,并略建小屋。少年叶圣陶时常去游玩,他在日记里数数提及:"既而遇颉刚而别怀兰,同其访伯祥不值,遂至植园薄游。只桃花多种盛开,他花悉无之见。新搭藤棚围廊,他日枝繁叶盛,夏雨初过,夕照将收,于此徘徊小立,亦足大涤暑气。既于竹所之石栏少坐,乃迟迟归校。""既而至植园,则寂寂佳树,阒无人影。落阳斜照,红彻半天;一溪碧水,溶漾无言。桥头小立,顿有世外之想,而忘却还在大风云之世界矣。农品陈列所已曾竣工,式仿西国,有四层之阁,弥壮丽也。将来陈列完备,当得一观其内部矣。瞻观少时,小憩竹所,竹影深碧,掩映阶前,有无限之幽意焉。""偕游植园,自光复后第一日开放也。异花佳树盛似去年,士女如云,宛然盛世光景,若辈殆若只解欢娱不解愁者耳。桥栏偶俯,皱着一流碧水,抚时感己,怅然以叹。游览既倦,茗于莲西舫,红莲已绽,碧叶正妍,清香时送,意自为远。令守者调藕粉食之,真有泛棹西子湖风味矣。"

程德全是最后一任江苏巡抚,何刚德是最后一任苏州知府,植园是他们留给苏州市民的公共游憩之处,不但具有时代交接的价值,在城市建设史也有着重要意义。民国初年,植园仍花木掩映,裙屐往来,但持续未久,就逐渐荒凉了。范烟桥《茶烟歇·程雪楼》说:"盘门之植园,当时有尼曰凤池,发生奸杀案,庵封,遂谋扩大为公园,分区植木,略建小屋,较之今日之公园,广大而幽茜。程氏公馀,亦常微行至此。惜人去事废,今半归苏州中学,半属诸建设局。每当秋令,法国梧桐区黄叶飞舞,犹饶胜概;即三春花事,亦有红紫可寻。惟径荒池涸,不复能与众共乐矣。"

一九二七年,苏州市政筹办处成立,即制定了《苏州工务计划设想》,这是近代苏州第一份完整的城市发展规划。规划将苏州分为三大区域,分三期实施。第一期工程是整理旧城区街道、河道、建筑物,建造公园、菜市场、公厕等设施;第二期工程是建设新市区,沿古城西北向城外陆墓、虎丘、寒山寺和沿运河至横塘作半圆形扩展,以阊门、新阊门为中心,布置放射式街道;第三期工程是以古城区及新市区为核心,以波纹状向外建设护展区。作为现代城市的远景规划,这个设想是宏大的,即以公共园林为例,就计划建造湖田公园、澹台公园、太湖国立公园、虎丘自然公园等。但由于抗战爆发,第一期工程尚未完全竣事,这个规划就付诸纷飞的战火了。

由于政府作了较大投入,主事者也殚思极虑,自一九二八年起的不满十年时间里,苏

植园 摄于一九二〇年代

州城市面貌发生了很大变化。

第一期工程的整理旧城区街道,主要围绕观前街商业区、阊门外商业区以及城里与火车站的交通进行。自沪宁铁路苏州段通车后,苏州的对外交通能力大大提升,比起航船、小火轮,火车正代表着时代的速度。但火车站设在平门外,而平门早在北宋时就已废塞,故商旅往来必须绕道阊门或齐门。一九二四年重辟平门,城门为两个并列的高大门洞,上有"平门"篆字横额一方,无城楼,无水门,亦无内濠。一九二八年,在拓宽卧龙街的同时,建成了一条由北寺塔经平门往火车站的新马路,即平门大街。一九二九年,由富商贝氏捐建的梅村桥落成,这样由三元坊至火车站的南北干线就贯通了。由于阊门外是重要商业区,并且由城里去虎丘、西园寺、寒山寺等游览胜地也以阊门为捷径,故阊门城门一带十分拥挤,时有交通事故发生,另辟一门成为当务之急,一九二八年就开辟新阊门,但由于位置不当,城门过窄,遂于其北六十米处重辟一门,一九三一年元旦落成,并改称金门。金门建筑为罗马式,分三门,中为车行道,两侧为人行道,城门前后还安装古铜灯四盏。当年就在金门外临时架设木桥,一九三四年改建为钢筋水泥桥,建筑风格与金门一致,这也就是至今尚存的南新桥。在开辟新阊门之前,就已将郡庙前、朱明寺前、景德寺前、申衙前、黄鹂坊弄先后拓宽,合并称为景德路,成为连接观前街和阊门外的主要干道,大大减轻了阊门的交通压力。

一九三一年,观前街拓宽工程竣工,成为苏州最有气派的大街。它在未拓宽之前,十分狭窄,熙熙攘攘,似乎更形热闹。郑振铎《黄昏的观前街》说:"我们在这条街上舒适的散着步,男人,女人,小孩子,老年人,摩肩接踵而过,却不喧哗,也不推拥。我所得的苏州印象,这一次可说是最好——从前不曾于黄昏时候在观前街散步过。半里多长的一条古式的石板街道,半部车子也没有,你可以安安稳稳的在街心踱方步。灯光耀耀煌煌的,铜的,布的,黑漆金字的市招,密簇簇的排列在你的头上,一举手便可触到了几块。茶食店里的玻璃匣,亮晶晶的在繁灯之下发光,照得匣内的茶食通明的映入行人眼里,似欲伸手招致他们去买几色苏制的糖食带回去。野味店的山鸡野兔,已烹制的,或尚带着皮毛的,都一串一挂的悬在你的眼前——就在你的眼前,那香味直扑到你的鼻上。""那么鳞鳞比比的店房,那么密密接接的市招,那么耀耀煌煌的灯光,那么狭狭小小的街道,竟使你抬起头来,看不见明月,看不见星光,看不见一丝一毫的黑暗的夜天。她使你不知道黑暗,她使你忘记了这是夜间。啊,这样的一个'不夜之城'!"

拓宽后的观前街,街面用花岗石铺砌,两旁店肆缩进后,大都改建楼房。在一九三二年第七十一期《苏中校刊》上有人统计,街上有各种店肆二百十七家,另有银行十七家,不但商业更其繁荣,也成为苏州的金融中心。观前街虽说是拓宽了,但因商业繁荣,人来人往,似乎也不见其宽。浮蘋《苏州观前大街的黄昏》说:"所谓观前'大街',在想象中应当是一条长而阔的街。然而在你到了苏州之后,便被证实你是想象错了。观前大街是东西向的街,东头顶着南北向的临顿路,西头抵着护龙街,那也是一条南北向的路。你从东头走到西头,脚步不必紧,六七分钟就可以走完。街上的正中停放着人力车,将本已不很宽的街中分作两条;每边有两辆人力车可以并排行的那么宽。街的两旁有很狭的街阶,或人行道。若是你的身躯有我这样长,你在街阶上踱着时,你的帽子常会被悬着的招牌或招旗,或市窗的篷架碰掉。"王世勋《沧桑忆旧录》说:"那条街是东西行,在玄妙观前,长约一里许,两旁都是商店,没有一家住家,这是城乡的购物中心。有专卖布匹绸缎的匹头店好几家,最大的好像是'立大祥'(当是'乾泰祥')。卖南货的有'生春阳'、'大东阳'等几家。卖糖食蜜饯的,有'稻香村',以玫瑰梅子、熏鱼及糕饼最最出名;'采芝斋'则以玫瑰水炒瓜子、松子糖等为号召;'叶受和'以糕饼为招牌,如它制的大方糕、小方糕、黄松糕等,远近驰名。此外,如'陆稿荐'的酱肉、酱鸭,'黄天源'的团子及甜点、红糖山芋、红糖芋艿等。点心面馆则有玄妙观山门旁的'观正兴',它的焖肉面、爆鱼面、汤包、烧麦、大肉包子等,均脍炙人口;'松鹤楼'的面点,也同样受人欢迎,每于夏季的卤鸭面,是它的招牌面,因至夏季,鸭正肥嫩,甚是好吃;'广南居'则卖广东茶点,也卖宵夜火锅。又茶馆多处,以'吴苑深处'(简称'吴苑')为巨擘,大部分为教员、学生、商人聚集之所。书店则有'小说林',是我常去买连环画及儿童故事书的地方。药房也有好几家,以'五州大药房'为最大。金子店

拓宽前的观前街
摄于一九二〇年代

拓宽后的观前街　摄于一九三〇年代

以'恒孚'、钟表眼镜以'亨达利'著称。总之,观前大街,林林总总,日常必须品都有,百货俱全,要买什么东西,跑一趟观前街就好了。"

北局也开始热闹起来。一九二九年,东吴乾坤大戏院落成,不但演戏,也放电影,先后改名大观园乾坤大剧场、发记大舞台、东方大戏院,一九三二年定名开明大戏院,有一千三百三十座,规模宏大,设施先进,直到一九八〇年代仍是苏州最大的剧场。一九三四年,苏州国货公司落成,通高两层,局部三层,最高五层,为当时苏州最大的商厦,沦陷后为日商大丸洋行占有,一九三九年改苏州百货公司,即今苏州人民商场。北局小公园建于一九三一年,铺草地,植花木,围以短垣,园中央立林则徐禁烟纪念亭,抗战胜利后改名中正公园,新葺台榭,尚见风雅,老树数株,犹可乘凉,那是在新式建筑环绕下的一方绿地,如今已无遗迹可寻了。

苏州在民国初年实施的城市规划建设中,还新建、拓宽、改造了卧龙街、五卅路、民治路、锦帆路、临顿路、西中市、东中市、大马路、石路、留园马路等主要街道;新建、改建了各城门外的跨河桥梁。公共厕所也在街头巷尾建造起来。道路虽然拓宽了,但苏州城里的交通工具,还是马车、藤轿、驴子、人力车和自行车。城内通行公共汽车,要迟至一九三八年,以火车站为起点,途经阊门、金门、景德路、观前街、北寺塔、平门,仍回到火车站。

城中王废基荒圮了五百五十多年,进入民国后,开始有所建造。

一九一八年,吴县公共体育场在王废基西北隅落成,乃利用旧左营操场改建,设有二百五十米跑道六条,足球场、排球场各一个,篮球场两个,乒乓室一间,另设有巨人步、滑梯、秋千、浪船、浪木、轩轾梯、轩轾板等运动器械。

一九二五年,江阴旅沪巨商奚萼铭捐资五万银元,在王废基东北隅建造公园,拆墓迁坟,植树四千馀株,建造了一座城堡式的图书馆,高两层,四面钟楼,并建东斋、西亭,辟月亮池,池边修廊,紫藤翳密,被市民誉为城中惟一清静地。十九二七年正式组织苏州公园筹备委员会,由颜文樑设计喷水池,先后建造了电影院、水禽馆、音乐亭,在池上架设三曲栏桥,在山上建四面厅民德亭,立萧特义士纪念碑,并于北部开凿池塘,植荷养鱼,栽枫树两百馀株。郑逸梅《苏州的茶居》说:"还有公园的东斋、西亭,都是品茗的好所在。尤其是夏天,因为旷野的缘故,凉风习习,爽气扑人,浓绿荫遮,鸟声聒碎。坐在那儿领略一回,那是何等的舒适啊!东斋后面更临一池,涟漪中亭亭净植,开着素白的莲花。清香在有意无意间吹到鼻观,兀是令人神怡脾醉。公园附近有双塔寺,浮图写影在夕照中,自起一种诗的情绪画的意境来。"

抗战爆发前,苏州是一个经济发展迅速、文化繁荣、生活舒适并充满了风物人情之美的城市。那正处于新旧交替的时代,固有的城市风貌和文化精神依旧具有醉人的魅力,而现代生活内容的进入,给人以安静、舒适、方便、丰富的生活感受,就像是人家花木扶疏的后园,可以暂避尘嚣,可以领略静美,也可以拍曲听歌,一醉于歌台舞榭间的丽影。这在上海那样的都市里是无可寻觅的。

一九二三年九月,郁达夫来苏州作了一次"落寞的荒郊行旅",他在《苏州烟雨记》里说:"进了封建时代的古城,经过了几条狭小的街巷,更越过了许多环桥,才寻到了沈君的友人施君的寓所。进了府门以后,在那些清冷的街上,所得着的印象,我怎么也形容不出来。上海的市场,若说是二十世纪的市场,那么这苏州的一隅,只可以说是十八世纪的古都了。上海的杂乱的情形,若说是一个Busy port,那么苏州只可说是一个Sleepy town 了。总之阊门外的繁华,我未曾见到,专就我于这府门里一隅的状况看来,我觉得苏州城,竟还是一个浪漫的古都,街上的石块,和人家的建筑,处处的环桥河水和狭小的街衢,没有一件不在那里夸示过去的中国民族的悠悠的态度。这一种美,若硬要用近代语来表现的时候,我想没有比'颓废美'的三字更适当的了。况且那时候天上又飞满了灰黑的湿云,秋雨又在微微的落下。"

一九二九年,徐志摩应苏州女子中学邀请,作了一次题为《匆忙生活中的闲想》的演

苏州公园　摄于一九三〇年代

讲,他一开始就充满激情地说:"苏州——谁能想像第二个地名有同样清脆的声音,能唤起同样美丽的联想,除了南欧的威尼斯或翡冷翠,那是远在异邦,要不然我们得追想到六朝时代的金陵广陵或许可以仿佛?当然不是杭州,虽则苏杭是常常联着说到的。杭州即使有几分灵秀,不幸都教山水给占了去,更不幸就那一点儿也成了问题。你们不听说雷峰塔已经教什么国术大力士给打个粉碎,西湖的一汪水也教大什么会的电灯照干了吗?不,不是杭州!说到杭州,我们不由的觉得舌尖上有些儿发锈,所以只剩了一个苏州准许我们放胆的说出口,放心的拿上手。比如乐器中的笙箫,有的是袅袅的馀韵;比如青青的柏子,有的是沁人心脾的留香。在这里,不比别的地处,人与地是相对无愧的,是交相辉映的;寒山寺的钟声与吴侬软语,一般令人神往,虎丘的衰草与玄妙观的香烟同样的勾人留意。"

一九三七年"八一三"以后,日军开始空袭苏州,因为阊门外有兵营,并且邻近火车站,尤为轰炸的重点。十月以后,日军改用意大利重型轰炸机进行连续轰炸,阊门外黑烟冲天,大火熊熊,清末以来苏州最繁华绮丽的商市,又几成废墟。苏州公园内的图书馆、萧特义士纪念碑等也被炸毁。据不完全统计,这次苏州劫难,毁屋四千七百三十九间,死三千七百三十八人,财产损失九百一十万元,十之八九的居民逃离城区。

许家元《劫后之苏州》记述了沦陷后的苏城情状:"战旗既揭,苏城于二十六年十一月十九日沦陷。当斯时也,重门深锁,满目凄凉,横尸遍野,行人绝迹,居民咸惴惴焉匿避山谷间,不敢一步履踏城中,号称东方威尼斯之苏州,形同死城,其愁惨阴森之气象,正有不忍以言语形容者,而难后莠民,相率乘机谋鼠窃狗盗,于是人民财产损失益不可胜计矣。""自治会同人于十一月二十四日第一次入城,会商善后,离沦陷之日,为时仅五日,室无居人,途无行客,败垣颓屋,人尸死畜,触目皆是。自治会于十二月一日成立于景德路后,始有人设一小肆于自治会之左近,此事变时第一家商店也。越数日,景德路畔,又见设有饮食店一家,因陋就简,仅能供三数人一餐而已。十日后,居民渐见归城。观前街中,亦见开设酒娘圆子店一家,此事变后观前街起首商店也。此后小贩地摊,接踵而来,其发展状况,以自治会为准的,故事变后最先复兴之街市为景德路。事变前此处为住宅区,经此改变,店肆林立,已一变本来面目矣。其次兴盛者,为养育巷,盖邻近景德路及自治会也。观前街、东西中市则又次之。及省府成立于北街,于是本属冷静区域之东西北街,亦渐成闹市矣。馀如临顿路、平江路,及阊门、娄门、齐门城外等处,亦渐复原状。市容日益一日,二年馀中,凡相隔数月一至苏城者,至必日尤见繁盛矣。今则街市两旁,店肆如云,新建房屋比比皆是,自晨至暮,行人不绝于途。景德路、观前街、临顿路等处,汽车相接,风驰电掣,商店玻橱布置美观,五光十色,绚烂夺目。北局一隅,新苏、皇后等旅社,新亚、味雅等菜馆,咸设于斯,酒绿灯红,辉煌金碧,妓馆歌场,亦荟萃于此。苏垣妓馆,向称发达,阊门外鸭黛桥畔,钗光鬓影,燕瘦环肥,吴侬软语,更不知颠倒几许众生。但自民十七年一度禁娼后,妓业生涯,致一落千丈,曩昔歌舞楼台,遂门前冷落车马稀矣。事变而后,大有中兴气象,阊门城外及城内北局妓馆林立,每当华灯初上,粉黛如云,缠头一掷千金者亦大有人在。初不料事变后,艰难困苦之际,竟有如此景象也。此虽有增加市容之繁盛,然沉缅醉溺者,当亦在所不免,恐得不能偿失也。戏院鼓钹齐鸣,尤令人不忍遽离,评语场中,诙谐百出,座客常满。黄色大厦,为新创之百货公司,职员大多妙龄女子,生涯鼎盛。玄妙观中,香客吃客游客,摩肩接踵,杂耍卜相,途为之塞。吴苑深处,可以畅叙幽情;群芳会唱,更能静聆妙曲。东西中市,则成文化之街,江南日报社、苏州新报社均设于此。护龙街南,仍为古玩市场,珍奇古玩,琳琅满目。东方既白,渐见机关职员、学校校员、工厂商工、菜市妇女,咸熙熙攘攘,往来于道。市容之盛,进展之速,为始料所不及。"

需要说明的是,由于汪精卫集团的江苏省政府、江苏省高等法院、国民党江苏省党部、社会运动委员会江苏分会、赈务委员会江苏分会、吴县县政府等均设立于苏州,苏州成为江苏的政治中心。城市人口的畸形骤增,商业的畸形发展,都与之相关。

袁殊在《诗巷》里说:"从遗迹中去回忆往日苏州的文化、政治乃至社会风土,令人神往者很多。就是去年因当权要人的来苏,得聆别处所没有的古琴的演奏,和已在没落的昆曲的残腔,也更引人投入到往昔苏州的回味里去。但是,现在一看满街的咖啡茶座,以及那不能入耳的洋琴、打鼓声,把上海水兵酒吧的烂爵士搬到这土地上来,盈耳的是'我是十八岁……',即使苏州美人真是美的了,也叫人不敢正眼去望她一下。"然而苏州的遗老耆宿对现代文化的冲击,持有比较开明的态度,一方面容纳新生事物的存在和蔓延,另一方面对苏州传统文化作保护和传承的努力,如举行"吴中文献展览会",辑行《吴中文献小丛书》,

组织昆剧传习所、吴中保墓会等。即以城墙为例,进入民国后,苏州的城墙开始坍塌和毁坏,在士绅的呼吁下,当局多次进行修复。一九二五年,修复金门两侧坍塌城墙;一九二七年,修复骆驼桥至娄门婴儿坟、盘门炮台至胥门鼓楼、升平桥至南童梓门各段坍塌城墙;一九四〇年,修复平门至金门、金门至胥门段城墙七处;一九四四年,修复齐门附近城墙;一九四七年,修复四摆渡、相门附近城墙大小缺口及盘门至葑门段城墙三处。由此可见,即使当新观念、新事物,一天天在侵蚀、推移着旧有一切的时候,苏州士绅的古城保护意识也未曾淡化。

下编

大城和小城

今苏州城的设计和建造,正值王莽时代,这是在复古主义营造思想观照下的一座礼制性大城。左思《吴都赋》云:"郛郭周匝,重城结隅。"即外有大城,又称罗城、外城;内有小城,又称子城、里城。

自建城以来,大城因受四周水道限制,周长变化不大,唐陆广微《吴地记》称"周回四十二里三十步","其城南北长十二里,东西九里";明曹自守《吴县城图说》称"苏城衡五里,纵七里,周环则四十有五里";民国《吴县志》卷十八下称"今城周四十五里,长五千六百五丈"。其高度和宽度,各个时期不同,唐末高二丈三尺,清末高二丈八尺;唐末基宽三丈五尺,清末上宽一丈八尺。

就苏州城墙史的大略来说,始建为版筑土城,历两晋迄晚唐,修葺无考。乾符二年,遭王郢之乱毁,刺史张抟重建,时八门悉启。梁龙德二年,钱氏始甃以砖。宋初存六门,后胥门废,葑门陆门塞。景祐初,知州事范仲淹重开葑门。政和中复修治之,故门废塞者皆刻石志之。宣和五年诏重甃。建炎四年毁,未久重建,至淳熙中知府事谢师稷缮完之。开禧间陨圮殆半。嘉定十六年,知府事赵汝述、沈皞相继修治,时称"一路城池之最"。绍定二年,知府事李寿朋重建盘门城楼。宝祐二年,知府事赵汝历增置女墙,重建阊门城楼,补建葑、娄、齐三门城楼。景定末,风坏娄、齐两门楼,咸淳初重建。元定江南,凡城池悉命夷堙。至正十一年兵起,诏天下缮完城郭,廉访使李帖木儿、达鲁花赤六十、总管高履重建,筑垒开濠,倍加深广,并重辟胥门。至张士诚入据,增置月城。明初平吴,更加修筑,高广坚致,各门上皆有楼,周循雉堞,每十步为铺舍,内外夹以长濠,广至数丈,门外均有钓桥,以通出入。清顺治初,巡按御史秦世桢修葺各门城楼。康熙元年,巡抚韩世琦改筑城垣,拓女墙,门仍旧制为六,葑、娄、齐、阊、盘各有水陆门,惟胥无水门,每门有楼,建官厅、军器库,凡窝铺一百五十七,敌台五十七,雉堞三千五十一,门有守门官公馆及营房。在各城楼悬匾,由顾嗣立题额,阊曰"气通阊阖",胥曰"姑胥拥翠",盘曰"龙蟠水陆",葑曰"溪流清映",娄曰"江海扬华",齐曰"臣心拱北"。咸丰十年,太平军陷城,六门俱经改筑。清军克复苏城,次第修复,惟阊门月城未复旧制。进入民国,城墙不断坍塌,虽时加修复,但不及坍塌之频礽,又先后辟平门、金门、胥门,旧城规制渐失。时至今日,苏州环城还保留断垣残堞,断断续续,遗意尚在。

　　建城以后,城门之名,亦循地名随迁之例,宫梦仁《读书纪数略》卷十四说:"春秋诸国,门皆一字,今惟吴中如旧。"今本《吴越春秋·阖闾内传》称初建城时有"陆门八"、"水门八",但所记仅阊、蛇、望齐三门。《越绝书·外传记吴地传》记有阊、胥、蛇、匠、娄、齐、平、巫八门,后人考证,平与巫是一门,则不满八数,另记有"近门"、"地门"、"楚门"。所记诸门,与后世地理都不能一一对应,这正是地名随迁过程中留下的痕迹。至唐宋时期,苏州八门才一一落实,但仍有错出。

姑苏阊门图　雍正　十二年木版年画

　　《吴郡志》卷三说:"东面娄、匠二门,西面阊、胥二门,南面盘、蛇二门,北面齐、平二门。唐时八门悉启,刘梦得诗云'二八城门开道路',许浑诗云'共醉八门回画舸'。今惟启五门。八门,《吴地记》所纪而不载葑门,《续经》载葑门而谓平门一名巫门,与赤门二门皆不在八门之数,盖考之于今者如此。"

自唐宋以后，至民国之前，苏州城门凡十，简要介绍如下。

阊门，在城西偏北，又名阊阖门，乃天门之意，以其位置西北，可通阊阖风。今本《吴越春秋·阖闾内传》说："阖闾欲西破楚，楚在西北，故立阊门以通天气，因复名之破楚门。"相传至春申君黄歇时，因讳"破楚"，复改阊门。西晋时有重楼复阁，凌跨清波。唐时咏者甚多，且有李阳冰篆额。北宋承平时，城上有楼三间，苏舜钦尝题诗于壁。建炎四年毁，淳熙中重建竣事。元改金昌门，高德基《平江记事》说："然吴人呼昌门已久，不能遽改，名之如故。"明清间屡屡重修，雍正二年木版年画《姑苏阊门图》、乾隆二十四年徐扬《盛世滋生图卷》等均有描绘。太平军据苏时改筑，拆去月城，后未恢复。一九三四年，拆除阊门旧构，重建与金门相仿的罗马式城门，一九五〇年代拆除。

胥门，在城西偏南，《越绝书·外传记吴地传》称"姑胥门"，其名由胥山而来。张紫琳《红兰逸乘》卷一说："盖胥者，舜臣名，佐禹治水有功，封于吴者也（太湖中有胥王庙），故名其地曰故胥，后世转音为姑苏。而胥门之见于《左氏春秋》，非因伍子胥得名也。"胥门是地名随迁的典型，其本在木渎吴大城之西，城内近胥山，故以得名。宋初胥门已淤塞，元至正十一年重辟，然无水门，由此而及清末。这与勘舆说有关，因胥门直对狮子山，袁宏道《崞嵝》说："形家言，此山与胥门相直，甚不利于郡城，诸门皆有水关浮梁，而胥独无，以此。"今存乾隆间万年桥木版年画四幅，皆有胥门图像。一九三八年另辟新胥门，对直万年桥，原门封堵。一九五八年，新胥门被拆除。近年整理胥门一带景观，古胥门从民居垒堆中重现。

盘门，在城南偏西，古作蟠门。《吴地记》说："尝刻木作龙镇此，以厌越；又云水陆相半，沿洄屈曲，故名盘门。又云，吴大帝蟠龙，故名。"唐代八门，盘门在焉。建炎四年毁，宝祐二年重建。洪武《苏州府志》卷四引《续志》："旧楼吴说题额，视宝祐新作诸门最为宏壮。宝庆三年秋大风雨，楼门俱坏。绍定二年冬，李寿朋新作，规制尤伟。"元至正十一年又重建，楼作两层重檐歇山式，时称五楼

姑苏万年桥图
乾隆五年木版年画

盘门 摄于一九三六年

门。盘门至今巍然屹立,乃全国保存最完好的水陆并峙古城门,二〇〇六年被列为全国重点文物保护单位。

赤门,在城正南,古以赤为南方,《周礼·冬官考工记》称"东方谓之青,南方谓之赤"。《吴郡志》卷三引胡舜申《吴门忠告》:"政和修城,于诸故门虽已塞,然皆刻石于右以识,今石刻具存。但袭府图之误,以蛇门为赤门尔。蛇门在城之巳方,故以蛇名。赤门以在城正南至阳之地,其义可考。"一说门废于唐,一说门废于宋初,然门名犹传。正德《姑苏志》卷十六说:"赤门,以南面属火方,故名。今南城下有大沟,外濠之水从此入祝桥,以出燕家桥,即赤门水道也。祥符《图经》云,赤门外有澹台湖。今盘、葑二门间有赤门湾。"一般认为,赤门湾是指灭渡桥北的一片水域。

蛇门,在城南偏东,古时术数家以十二生肖与十二地支相配属,蛇为巳,方位相当于东南。据今本《吴越春秋·阖闾内传》说,"立蛇门者以象地户也",阖闾"欲东并大越,越在东南,故立蛇门以制敌国。吴在辰,其位龙也,故小城南门上反羽为两鲵鱐,以象龙角。越在巳地,其位蛇也,故南大门上有木蛇,北向首内,示越属于吴"。《吴地记》说:"蛇门南面,有陆无水。"则当不在唐代"二八城门"之数。《吴郡图经续记》尚记其名,未久堙塞。绍兴中胡舜申请开此门,作《吴门忠告》,以为长生之水由此门入,不可阻塞。乾道初秘阁沈度、淳熙二年修撰韩彦古欲辟之而未果。近年在其址建敌楼,与胡舜申说的"蛇门直南,正对吴江运河"相合。

葑门,在城东偏南,门名来历颇复杂。张守节《史记正义·伍子胥列传》说:"东门,鳝门,谓鲟门也,今名葑门。鳝音普姑反,鲟音覆浮反。越军开示浦,子胥涛荡罗城,开此门,有鳝鲟随涛入,故以名门。"《吴郡图经续记》卷上则记作封门,"取封禺之山以为名。封山,故属吴郡,今在吴兴。方言谓封曰葑,葑者,茭土擦结,可以种殖者也"。"封"与"葑"通,葑即菰根,也就是茭白,晚近葑门外仍有茭白荡的地名。吴人不读"葑"为"fēng",而读"fǔ"或"fù"。《说郛》本《中吴纪闻》称"葑门谓之府门",《吴郡志》卷三称"今俗或讹呼富门",洪武《苏州府志》卷四称"吴音又讹为傅"。宋初葑门陆门已堙塞,范仲淹守郡时重辟,城外遂成市廛辐辏之地,人来客往,负贩贸易,对苏州东南的城乡交流和市镇兴起,起了重要作用。一九三六年,城楼被拆除。一九五〇年代拆除城门和月城,一九七八年拆除水门。

匠门,在城正东,古称干将门,今称相门。《吴地记》说:"匠门又名干将门,东南水陆二路,今陆路废,出海道,通大莱,沿松江,下沪渎,阖闾使干将于此铸剑。"干将门省作将门,因干将为剑匠,讹呼为匠门。洪武《苏州府志》卷四说:"门南有封门、赤门,门东南又有鲊鯆门,皆非八门之数。今外濠葑娄之间犹有匠门塘,其傍有欧冶庙、干将墓。或云将门,声之讹也。"匠门久已堙塞,顾震涛《吴门表隐》卷六称"匠门自狮子口直东,隋时塞",则门在开皇十一年杨素迁城后即废。门虽淤塞,地名尚存,然亦故事无多。一九三三年重辟,一九五〇年代拆除。

娄门,在城东偏北,古称疁门。《吴地记》说:"娄门本号疁门,东南秦时有古疁县,至汉王莽改为娄县。"《吴郡图经续记》卷上说:"其东曰娄门者,娄县名也,盖因其所道也。秦谓之疁(音留),汉谓之娄,今之昆山,其地一也。"娄门应该是由遥对娄县而来。娄门陆门分外、中、内三重,水门也是三道,具金汤之固。内城有楼,南宋景定末年被飓风所毁,咸淳初年修复。一九四〇年代后期拆除外城、中城及内城城楼,一九五八年拆除内城陆门和三道水门。

齐门,在城北偏东,古称望齐门。《越绝书·外传记吴地传》说:"齐门,阖庐伐齐,大克,取齐王女为质子,为造齐门,置于水海虚。其台在车道左、水海右,去县七十里。齐女思其国,死葬虞西山。"《吴地记》也说:"齐门北通毗陵,昔齐景公女聘吴太子终累,阖闾长子、夫差兄也。齐女丧夫,每思家国。因号齐门。"齐门有城门三道,内城门西侧有水门,门上建楼两层,俗称鼓楼。一九五八年拆除城楼、城门,一九七八年拆除水门。

葑门　摄于一九二六年

娄门　摄于一九〇〇年代

平门,在城北偏西,桃花坞直北,即巫门。《吴地记》说:"平门北面,有水陆通毗陵,子胥平齐,大军从此门出,故号平门。"子胥平齐之事,于史无征。因相传门外有巫咸墓,当为巫门,因"平"与"巫"笔画相近致误。《吴郡图经续记》卷下说:"说者以为巫咸古神巫也,旧传有墓于此,故书之。《图经》亦曰虞山者,巫咸所居,然则咸常在吴矣。平门又名巫门,为此故也。"高德基《平江记事》说:"吴城平门,旧名巫门,至大庚戌古濠中得石扁,上有篆书'巫门'二字。"巫咸乃苏州历史上最早的传说人物之一。平门在宋初已堙塞,一九二四年于故址之东重辟,一九五八年拆除。

近年重建的阊门、相门、娄门、平门,既非故处,亦非旧制,纯属纪念性建筑。

小城即子城,坐落大城中央,稍偏东南,自落成至元末,向为地方官署所在。唐乾宁元年,刺史成及建大厅。宋初为节度使治所。嘉祐间,知州王琪复新旧厅,闳甲诸郡,陈经继之作子城门,楼观甚伟。元丰六年,知州章岵易以修廊,覆以重屋,又修戟门,由是自台门至于府廷,栋宇称度,整莫加矣。遭建炎兵燹,靡有孑遗。绍兴初,高宗将驻跸平江,于此营造行宫,七年复为府治。承平时,每岁首饰诸亭,纵民游玩。元初,江南置浙西军民宣抚司,后改为平江路总管府,所有旧宋厅署、堂宇、亭榭、楼馆,凡三十馀所,大多颓圮。至元二十年立浙西道提刑按察司,就府置司,遂迁府治于旧茶盐提举司,未几罢按察司,府治复旧。大德五年,遭风灾,建筑大多摧毁,时董章为守,复葺部分。至正末,张士诚据此为太尉府,及败,纵火焚之,惟存南门一带颓垣。

据《平江图》标识,子城的范围,东至今公园路竹堂寺遗址东,南至今十梓街,北至今言桥下塘,西至今锦帆路。有两门,一在南,一在西。南门外有平桥,与今平桥直街相接;西门外有金母桥,与通关坊相接。子城的四至,直到元末未变。洪武《苏州府志》卷四说:"子城,周回一十二里,高二丈五尺五寸,厚二丈三尺。今谯楼西小石桥,是子城泄水沟,石上所刻隶书云'唐乾符二年七月十四日建',并勾当料匠等姓名。"

子城有外濠,与大城内濠,都被称为锦帆泾,相传吴王锦帆以游也。正德《姑苏志》卷十六记子城说:"城四面旧有水道,所谓锦帆泾也,今亦多淤,其东尚存故迹,称为濠股。"据《平江图》标识,其外濠并不周环子城。南濠即第三横河;北濠即第二横河(今已改道);西濠北起竹榻桥,南至夏侯桥,北与第二横河相接,南与第三横河相接;东濠在竹堂寺东,北起子城后桥,与第二横河相接,南至蒋家桥折东(约今民治路)。至元末,因子城焚毁,外濠逐渐埋塞。东濠一段,乾隆《姑苏城图》已标识为路,惟路已在竹堂寺西,即今公园路。子城的西濠,一九三一年筑路,即今锦帆路。

唐宋时期,苏州为全国重要州府,郡治建筑亦与之相称。《吴郡图经续记》卷上说:"盖古之诸侯有三门,外曰皋门,中曰应门,内曰路门。因其门以为三朝,朝之后有三寝,曰路寝一,曰燕寝二。自罢侯置守,其名既殊,其制稍削,然犹存其概。今之子城门,古之所谓皋门也;今之戟门,古之所谓应门也;今之便厅门,古之所谓路门也;今之大厅,古之外朝也;今之宅堂,古之路寝也。苏为东南大州,地望优重,府廷有此称。"建炎兵燹后,子城夷毁殆尽。绍兴起陆续重建,《吴郡志》卷六说:"今州宅、官廨、学舍、仓庾、亭馆之类,皆中兴后随事草创,不能悉如旧观。"按《平江图》标识,当时平江府治大门面南,中轴线偏东。大门外,东有吴会坊,西有积善坊,吴会坊内有宣诏亭,积善坊内有颁春亭,亭之侧又有两井亭。中轴线上依次是门楼、戟门、设厅、小堂、宅堂。门楼悬"平江府"额,戟门悬"平江军"额。宅堂左右是东斋、西斋。北过大池,对直齐云楼。东南隅有府院、司户厅、提干厅、公使库、酒库、平易堂等。西南隅有提干厅、司理院、府判东厅、府判西厅、节推厅、签判厅、南省马院、北省马院、使马

齐门水门　摄于一九五〇年代

院、路分厅、路钤衙、西施洞、城隍庙等。西北隅有西楼、观德堂、教场、作院、天王堂、瞻仪堂、逍遥阁。东北隅有四照亭、秀野亭、坐啸斋等。绍定以后，又陆续有所兴建。刘敦桢主编《中国古代建筑史》第六章说："这个规模宏大的地方官署，基本上保存唐朝原来的布局而加以若干修改。其中四合院式的院落布局方式和后部厅堂采用三堂相重而贯以穿廊（又称主廊）成为'王'字平面，对于后代王府衙署等发生了深远的影响；而宋元通行的工字殿也可以说导源于唐朝衙署的厅堂。"

这里着重介绍一下郡圃。

郡圃在子城北部，厅斋堂宇，亭榭楼馆，密弥相望。正德《姑苏志》卷二十二介绍说："前临池光亭、大池，后抵齐云楼城下，甚广袤。按唐有西园，旧木兰堂基正在郡圃之西，其前隙地，南宋为教场，俗呼后教场，疑即古西园之地。郡治旧有齐云、初阳及东、西四楼，木兰堂东、西二亭，北轩、东斋等处。建炎兵后，惟齐云、西楼、东斋为旧制，馀皆补造。端平初，张嗣古改郡圃名同乐园。嘉定十三年，綦奎新浚府宅后方池，环以土山，辇西斋之石益而为之，立四小亭于上，曰棱玉、苍霭、烟岫、清漪，皆取昔贤郡中赋咏而名。"因唐宋元三代逾七百年，郡圃景观变化繁复，只能举其要者。

北池，亦称大池、后池，莲花颇盛，皮日休、陆龟蒙有《木兰后池三咏》唱和，分咏重台莲花、浮萍、白莲。池北有池光亭，亭前水中有白居易手植桧树。《中吴纪闻》卷三说："白乐天为守时，恩信及民，皆敬而爱之，尝植桧数本于郡圃后，人目之为白公桧，以况甘棠焉。"北池中一株，宋时犹存，叶梦得《避暑录话》卷上说："余政和初尝见之，已槁瘁，高不满二丈，意非四百年物，真伪未可知也。后为朱冲取献，闻槁死于道中，乃以他桧易之，禁中初不知。"池光亭废后，又于其地建坐啸斋。嘉定十四年，綦奎又于池边筑白桧轩。

木兰堂，初在郡圃西，又名木兰院，白居易有《送王卿使君赴任苏州因思花迎新使感旧游寄题郡中木兰西院一别》，相传白居易曾在堂上教伎人霓裳舞，故范仲淹《木兰堂》云："堂上列歌锺，多惭不如古。却羡木兰花，曾见霓裳舞。"《吴郡志》卷六引《岚斋录》："唐张抟自湖州刺史移苏州，于堂前大植木兰，花当盛开时，燕郡中诗客，即席赋之。陆龟蒙后至，张联酌浮之，龟蒙径醉，强执笔题两句云：'洞庭波浪渺无津，日日征帆送远人。'颓然醉倒。抟命他客续之，皆莫详其意。既而龟蒙稍醒，援毫卒其章曰：'几度木兰船上望，不知元是此花身。'遂为一时绝唱。"范成大按道:"旧堂基在今观德堂后,古木犹森列,郡守数有欲兴废者而卒未就。承平时,堂内有治平二年郡守陈经所刻御书飞白字碑,揭于木兰堂之新阁上,今不复存。"宋代苏州所酿官酒,即以木兰堂为号,朱弁《曲洧旧闻》卷七列举当时天下名酒,就记有"白酒,苏州木兰堂"。郑獬《招余補之》云:"赤泥圆印木兰酒,欲饮无人共把杯。只隔春江一潮信,可能闲访故人来。"梅尧臣《九月五日得姑苏谢学士寄木兰堂官酝》亦有云:"忽有洞庭客,美传乌与程。言盛木兰露,酿作瓮间清。木兰香未歇,玉盎贮华英。正值菊初坼,便来花下倾。"

初阳楼,在大池之东。《吴郡志》卷六称"在郡中池上,既曰初阳,宜占东城"。皮日休、陆龟蒙有《登初阳楼寄怀北平郎中》唱和,皮诗云:"危楼新制号初阳,白粉青菱射沼光。避酒几浮轻舴艋,下基曾觉睡鸳鸯。投钩列坐围华烛,格簺分朋占靓妆。莫怪重登频有恨,二年曾侍旧吴王。"楼或毁于建炎兵燹,后未重建。

东楼,在子城东隅。独孤及《九月九日李苏州东楼宴》云:"是菊花开日,当君乘兴秋。风前孟嘉帽,月下庾公楼。酒解留征客,歌能破别愁。醉归无以赠,祗奉万年酬。"楼不知废圮何时。正德《姑苏志》卷二十二说:"东楼,唐有之。宋开庆元年,马扬祖建小楼于熙熙堂之侧,以是为名,扁曰清芬。"

北宋元丰前,郡圃尚有多处建筑,《吴郡图经续记》卷上说:"张刑部太初作山阴堂,蒋密直治后池诸亭及瞰野亭、见山阁,吕光禄建按武堂,蔡秘阁子直置射堂,裴校理如晦立飞云阁,韩度支子文植怪石二于便厅后,榜曰'介轩',近晏大夫处善葺故亭于城西北隅,号曰月台,以便登览。"南宋绍兴后,又建双瑞堂、平易堂、思政堂、思贤堂、瞻仪堂、四照亭、凝香堂、逍遥阁、坐啸斋、秀野亭、观德堂、扶春、池光亭等。据《吴郡志》卷六记载,思贤堂祀韦应物、白居易、刘禹锡、王仲舒、范仲淹五位郡守;四照亭则"为屋四合,各植花石,随岁时之宜,春海棠,夏湖石,秋芙蓉,冬梅"。

齐云楼和西楼不在郡圃内,然而是郡圃的重要借景,也是子城内最有影响的建筑。

齐云楼,在北城之上,对直子城中轴线,古称月华楼,白居易始改其名,《吴中好风景》有"改号齐云楼,重开武丘路"之咏,盖取古诗"西北有高楼,上与浮云齐"之义。白诗《忆旧游》、《齐云楼晚望偶题十韵兼呈冯侍御周殷二协律》等都曾咏及。北宋治平中,裴煜建为飞云阁,政和五年重修。建炎兵燹毁,绍兴十四年,王晥重建。《吴郡志》卷六称其楼"两挟循城,为屋数间,有二小楼翼之。轮兔雄特,不惟甲于二浙,虽蜀之西楼、鄂之南楼、岳阳楼、庾楼,皆在下风。父老谓兵火之后,官寺草创,惟此楼胜承平时。楼前同时建文武二亭。淳熙十二年,郡守丘崈又于文武亭前建二井亭"。楼前又有芍药坛,每岁花开,郡守必于此宴客,称为芍药会。据佚名《重修齐云楼记》记载,元大德初,郡守某见此楼颓圮弗治,乃命重修。落成时,郡守对众人说:"兹楼之设,肇自有唐,刘禹锡、韦应物出守元和间,号为风流,觞咏其间,以其品题也。故兹楼之风物播于天下,瞭然与岳阳、落星同美。然以景言之,近则槐市柳桥,车轮马迹,市声滚滚,终日不息;远则西山诸峰,层峦深壑,白云孤飞,清昼如画,而其为胜概意者,非有刘禹锡、白乐天之品题,亦不泯也。"至正二十七年九月,张士诚纵火焚毁。谢应芳《淮夷篇》咏道:"一炬齐云楼,妻子随烟灭。"

西楼,在子城西门上,门外为市廛,故又称望市楼。白居易《西楼喜雪命宴》有云:"散面遮槐市,堆花压柳桥。"又《城上夜宴》有云:"风月万家河两岸,笙歌一曲郡西楼。"元稹《戏赠乐天复言》有云:"弄涛船更曾观否,望市楼还有会无。"自注:"望市楼,苏之胜地。"后改名观风楼,范仲淹《观风楼》云:"高压郡城西,观风不浪名。山川千里色,语笑万家声。碧寺烟中静,虹桥柳际明。登临岂刘白,满目见诗情。"建炎遭兵燹,绍兴十五年,王㬇重建。正德《姑苏志》卷二十二说:"下临市桥,曰金母桥,亦取西向之义。淳祐中,魏峻大修之,取白公诗表其下,曰'柳桥槐市',且自赋诗,又拨钱桩添俸厅,以俟异日修葺之助。及黄万石改作,如临安丰乐之制。"此楼毁于元末。

及张士诚败,整个子城夷圮略尽。明初独存南门一带颓垣,上置官鼓司更,覆以小舍,列十二辰牌,按时易之,郡人呼之为鼓楼。至嘉靖中,巡按御史邱道隆毁之。清乾嘉时,吴翌凤《东斋脞语》记下了荒芜的子城景象:"今自乘鱼桥以南,至金姆桥而东,高冈迤逦,是其遗址。东有鼓楼坊,即内城之钟鼓楼也。城四面旧有水道,所谓锦帆泾者,今皆淤塞,惟东尚存故迹,称为濠股,俗复讹为河骨。今吴人罕知有子城者矣。"

都市里的田野

明清时期,在繁华富丽的苏州城内,居然有好几片广袤的田野,如城中的王废基、城南的南园、城北的北园、城东的天赐庄等,都是历史沧桑的遗存,留下了这个城市的故事。

王废基,即张士诚太尉府故址。士诚败后,纵火焚毁,那里成了荒烟蔓草、断垣颓屋之区。朱元璋吴元年建立新政府,军政两大部门,苏州府治设元都水庸田使司署故址,位置即今道前街会议中心;苏州卫指挥使司设府治之东,位置即今道前街市立医院。洪武七年,魏观连任苏州知府,他嫌府治湫隘局促,决定将府治迁建到王废基去,并疏浚已淤塞的锦帆泾。一方面,因为那里是唐宋元历朝政府的所在地,疏浚锦帆泾也可改善城里的水上交通。另一方面,从青鸟之术来说,卫东府西,府在卫下,这一格局可借此改变;疏浚锦帆泾也可使苏州的生气更畅通。苏州卫指挥蔡本也相信风水,担心的就是府东卫西,府在卫上。他就以魏观"复宫开泾,心有异图"的罪名密疏朝廷,太祖即派御史张度前来查证。杨循吉《吴中故语》说:"御史至郡,则伪为役人,执搬运之劳,杂事其中。斧斤工毕,择吉架梁,蒲圻以酒亲劳其下,人予一杯,御史独谢不饮。是日,高太史为上梁文。御史还奏,蒲圻与太史并死都市,前工尽辍。"魏观、高启皆被处腰斩,王彝则因疏浚锦帆泾时拾得一方砚台,喜而作铭,被处斩首。杨循吉说:"至今郡治,犹仍都水之旧,僻

王废基 摄于一九二〇年代

在西隅,堂宇偪侧,不称前代。仪门下一碑,犹是都水司记,可征也。而伪吴故基,独为耕牧之场,虽小民之家,无敢筑室其上者,惟宫门巍然尚存,蒿艾满目,一望平原而已。"

正因为这个原因,由此而直至清末,那里就如乡野一般。沈复《浮生六记·闺房记乐》记居住仓米巷时,因院窄墙高,暑热难耐,就去那里赁屋消夏。"有老妪居金母桥之东,埂巷之北。绕屋皆菜圃,编篱为门。门外有池约亩许,花光树影,错杂篱边。其地即元末张士诚王府废基也。屋西数武,瓦砾堆成土山,登其巅可远眺,地旷人静,颇饶幽趣"。"邻仅老夫妇二人,灌园为业,知余夫妇避暑于此,先来通殷勤,并钓池鱼、摘园蔬为馈。偿其价不受,芸作鞋报之,始谢而受。时方七月,绿树阴浓,水面风来,蝉鸣聒耳,邻老又为制鱼竿,与芸垂钓于柳阴深处。日落时,登土山观晚霞夕照,随意联吟,有'兽云吞落日,弓月弹流星'之句。少焉月印池中,虫声四起,设竹榻于篱下。老妪报酒温饭熟,遂就月光对酌,微醺而饭。浴罢则凉鞋蕉扇,或坐或卧,听邻老谈因果报应事。三鼓归卧,周体清凉,几不知身居城市矣"。

在光绪六年《苏州城图》上,王废基除偏南部有钩玉巷、宋衙弄及中镇府外,其他地方均为菜园地、坟地、高墩,中间点缀着栖流所、抚标左营、操场、天王寺、圆通庵、资寿庵、白骨冢等。那里野菜遍生,妇孺携篮来采,或供中馈,或叫卖于街巷。顾福仁《姑苏新年竹枝词》咏道:"王府基前荠菜生,滕他雏笋压凡羹。多情绣伴工为饷,不是春盘一例擎。"

至宣统年间,依旧如此。那时叶圣陶正在草桥中学读书,王废基就在边上,放学后经常去玩,称为"最可爱之王废基"。他在日记里经常提到,那里的景色四时不同,或"漫天阴霾,老树含烟,弥望苍茫,吟螀声出墓侧,尤倍觉可怜也";或"细草如茵,绿杨垂幕,日光斜照之中乃见此活泼泼地之四同学舒其轻捷之四肢,作此雅游";或"几池蛙鸣,自成佳奏,漫天云影,恍睹奇峰;笳声动而转静,花气幽以弥香,盖入绝妙诗景矣。惜我笔秃,无足以咏之";或"高柳送风,暮云咽日,顷之热焰万丈已无剩馀一缕,爽快极矣";夜间散步至此,景色又有不同,"则空明一片,远树含烟,四围柳立,几点灯明。俯仰此身,诚微乎其微,而心脾则弥爽"。

在一个繁华城市的中心,竟然有这样的地方,真是难以想象。

南园,本是钱镠在唐末始建的园墅,罗隐曾往一游,有《南园题》云:"搏击路终迷,南园且灌畦。敢言逃俗态,自是乐幽栖。叶长春松阔,科圆早薤齐。雨沾虚槛冷,雪压远山低。竹好还成径,桃夭亦有蹊。小窗奔野马,闲瓮养醯鸡。水石心逾切,烟霄分已暌。病怜王猛衋,愚笑隗嚣泥。泽国潮平岸,江村柳覆堤。到头乘兴是,谁手好提携。"可见其广袤、空旷,充满了野趣。后梁乾化三年,钱镠第四子元璙权苏州刺史,后又授中吴建武等军节度使,封广陵郡王,驻治苏州前后三十年,以"俭约镇靖、郡政循理"留名史册。元璙对南园又作了扩建,其大致范围,南至城濠,北至今书院巷、侍其巷一线,东至今人民路,西至今吉庆街、西大街。

正德《姑苏志》卷二十二追述了它的景观和变迁,称其"有安宁厅、思玄堂,清风、绿波、迎仙等三阁,清涟、涌泉、清暑、碧云、流杯、沿波、惹云、白云等八亭,又有榭亭二,就树为楹柱,及迎春、百花等三亭,西池在园厅西,有龟首、旋螺二亭。《续记》云,广陵王帅吴,因治南园,为岛屿峰峦,出于巧思。钱氏去国,此园不毁。祥符中,知州秦义葺之,以会寮吏馆使,朝贵皆为赋诗,参知政事郡人丁谓为序。时景灵宫购求珍石,郡中亦于此取贡京师。其间台榭,岁久摧圮。吕济叔尝作熙熙堂,厥后守将亦加修葺。今所存之亭,仅有流杯、四照、百花、乐丰、惹云,每春纵士女游览。先是长洲令王禹偁常携客醉饮赋诗,谓云:'天子优贤似有唐,镜湖恩赐贺知章。他年我若功成后,乞与南园作醉乡。'大观末,蔡京罢相欲东还,诏以园赐之,京诗云:'八年帷幄竟何为,更赐南园宠退归。堪笑当年王学士,功名未有便吟诗。'《续志》云,南园昔甚广袤,异木奇石,多为朱勔取进,独一松盘根大,不可移而止。今府学后一方之地,亦故址也,犹有清流崇阜,可以仿佛当时之胜。蜀人高氏,尝得一隅经营之,而流杯出焉,因作醉乡亭以仿古。"

北宋中期以后,由于苏州城市建设南移,南园面积逐渐缩小,景观也逐渐旷废,部分锄为菜圃,清池乔木往往杂次于民居间。建炎兵燹后,南园圮废殆尽。后虽略有构建,不成气候,正德《姑苏志》卷二十二记道:"张氏园池,亦南园故地也,绍兴间侍郎张幾仲得之。今山亭犹扁'惹云',池塘犹扁'清涟',存故实也。堂侧有凌霞阁,奉其父循王像,四时饰以真服。"从《平江图》上看,"张氏园池"的"张府",在今侍其巷至新桥巷之间。"南园"仍在,其坐落在今书院巷至文庙大成殿之间,东至今人民路,西至今蜜蜂洞,与昔日南园已不可同日而语。

宋元以后,南园的概念扩大了,借钱氏南园之名,泛指城南的一大片田野。

南园 摄于一九五〇年代

其大致范围,南至城濠,东至葑门内,西至今东大街。北至则不一,今人民路以西,北至今新市路;今人民路以东,或北至沧浪亭南一线,或北至羊王庙一线,或北至今十全街一线。那里除村舍、菜畦、池塘、河流、荒坟、杂树、小桥外,还有几处坛庙,几处院落。

早春时,菜花极盛,暖风烂漫,一望金黄。郡城士女纷纷前往,游春赏景,寻芳选胜。虽说是在古城里,实在也可看作是郊游的。沈复家住城南,经常邀集朋友去那里游玩,《浮生六记·闲情记趣》说:"苏城有南园、北园二处,菜花黄时,苦无酒家小饮,携盒而往,对花冷饮,殊无意味。或议就近觅饮者,或议看花归饮者,终不如对花热饮为快,众议未定。"芸娘出了一个主意:"妾见市中卖馄饨者,其担锅灶无不备,盍雇之而往。妾先烹调端整,到彼处再一下锅,茶酒两便。"是日"饭后同往,并带席垫,至南园,择柳阴下团坐。先烹茗,饮毕,然后暖酒烹肴。是时风和日丽,遍地黄金,青衫红袖,越阡度陌,蝶蜂乱飞,令人不饮自醉。既而酒肴俱熟,坐地大嚼。担者颇不俗,拉与同饮。游人见之莫不羡为奇想"。在前人的咏唱里,南园半村半郭,充满田园风味,去那里看菜花,成为市民踏春游赏的节目。陈笠生《南园看菜花》云:"满地黄花锦织成,百番时鸟弄新晴。路于绛雪堆中见,人向春风暖处行。四面穿渠通略彴,一绳分罫错棋枰。携瓶挈盒知多少,酿饮偏馀话旧情。"

太平军乱后,南园上也面目全非。同治四年暮春,袁学澜往游,作《游南园沧浪亭记》,是时"桃菜花已残,芳柳被堤,风暖草熏,远近一碧。寻流水居,已迷其处;巴家园、赤兰祠倾圮不堪游瞩;陈氏又一村,钜宅据为军营,四围立栅。乃绕出其旁,寻大云庵,询野童,云近为军械局,禁行人。其旁得小庵,有老禅闻深居之,旧主大云庵方丈者,善草书,得长沙遗法,藉以自娱。于庵之被据为局,淡焉漠焉,是真能空诸所有者也。出门迤西,访羊太守元保祠,拆无寸椽。西道堂改筑伪酋府,极雄壮,亦为军火局。经南禅寺,绿树成荫,入中州三贤祠,都料匠,聚为工作,所残过半。登沧浪亭,老树当阶,残碑仆草,石棋枰芜没荆棘中。望郡学,巍然新建,隔岸紫、正两书院及可园仅存败堵,目之所见,盖无非毁者"。

南园以蔬菜种植为主,每天清晨,菜农纷纷挑担入市。金孟远《吴门新竹枝》咏道:"胶白青菠雪里红,声声唤卖小桥东。担筐不问兴亡事,输与南园卖菜翁。"自注:"盘门内南园,农人多以种菜为业。按胶菜、白菜、青菜、菠菜、雪里红菜,皆南园名产也。"范烟桥《茶烟歇·苏蔬》也说:"苏州居家常吃菜蔬,故有'苏州不断菜'之谚。城外农家园圃,每于清晨摘所产菜蔬入市,善价而沽,谓之'挑白担',不知何所取义。城南南园土地肥沃,产物尤腴美。"这种城市田园生活现象,一直持续到上世纪七十年代后期。当时沿着工人文化宫南墙往东走,就完全是农村景象了,茅舍竹篱,鸡犬桑田,泥路边上,粪缸一只接着一只,微风吹来,不时闻得到那种特殊的气味,那也是久违的了。

北园,一说亦由园墅得名,袁学澜《姑苏竹枝词》咏道:"探胜南园复北园,菜畦风暖蜨蜂喧。携樽重访钱吴迹,乔木清池绕断垣。"自注:"北园在阊门内后板厂,为苏怀愚御史所建,名苏家园。今皆为菜陇,春时黄花散金,游人群集,犹称胜景云。"但晚近说的北园,乃指娄门、齐门间的一片田野,与后板厂的北园不搭界。顾震涛《吴门表隐》卷四说,顺治十六年,祖大寿"尽撤民房为满兵营,迎春坊为镇帅府"。大营自娄门起,别有东大营门,故将阊、齐两门间的大营门,改称西大营门。战事未起,而大营夷为菜圃。因城南有南园,故将这一片田野称为北园。

据乾隆《姑苏城图》,北园一区注"此一大片尽是园地",故春来的菜花盛观,不亚南园。顾禄《清嘉录》卷三说:"南园、北园,菜花遍放,而北园为尤盛,暖风烂漫,一望黄金,到处皆绞缚芦棚,安排酒炉茶桌,以迎游冶。青衫白袷,错杂其中,夕阳在山,犹闻笑语。"沈朝初《忆江南》词曰:"苏州好,城北菜花黄。齐女门边脂粉腻,桃花坞口酒卮香。比户弄笙簧。"蔡云《吴歈百绝》有云:"北园看了菜花回,又蚕春残设饯杯。此日

北园　摄于一九三〇年代

北园 摄于一九四〇年代

无钱堪买醉,半壶艳色倒玫瑰。"自注:"菜花惟北园为盛,游人集焉。"杨蕴华《山塘棹歌》亦云:"北园春尽菜花香,野蝶飞来都变黄。归棹齐门看落照,红灯一路出山塘。"北园一带的空旷景象,在民国旧影中还能看到。

天赐庄,地名由来甚古,最早见刘敬叔《异苑》卷八记载的故事,说临海乐安人章沉,死经数日,与少女徐秋英同在阴间,一起被释归,时已日暮,两人同宿道侧小窟,章沉问女子家在何处,女子说:"我姓徐家,在吴县乌门,临渎为居,门前倒枣树即是也。"明晨各去,遂并复活。后章沉经吴县,至乌门寻得徐家,主人以为天意,遂以秋英妻之,生一子,名天赐。天赐庄的地名即由此而来。王謇《宋平江城坊考》卷五认为,乌门即葑门,"则葑门在魏晋南北朝时实称乌门,疑取乌鹊以为名"。天赐庄在葑门内十梓街望星桥东,乾隆《元和县志》卷二说:"天赐庄,即韩衙前,旧名姜家衖。"乾隆《姑苏城图》上亦注曰"天赐庄"。即今自望星桥东至城濠一段。前人也将其南北之区,统称天赐庄,或许与地名本源有关。在那一片区域里,五代吴越国时有东圃,也称东庄或东墅,乃钱元璙子文奉所创,《吴郡志》卷十四称其"营之三十年间,极园池之赏,奇卉异木,及其身见,皆成合抱,又累土为山,亦成岩谷。晚年经度不已,每燕集其间,任客所适。文奉跨白骡,披鹤氅,缓步花径,或泛舟池中,容与往来,闻客笑语,就之而饮,盖好事如此"。明景泰初,韩雍于此建葑溪草堂,自作《葑溪草堂记》,其中说:"予家苏城葑溪之上,家之东有园三十亩,竹木丛深,市井远隔,中有方池,周二百步,溪流自东南来注其中。"吴宽父吴融则于此建东庄,李东阳《东庄记》说:"苏之地多水,葑门之内,吴翁之东庄在焉。菱濠汇其东,西溪带其西,两港旁达,皆可舟而至也。由凳桥而入,则为稻畦,折而南为果林,又南西为菜圃,又东为振衣冈,又南为鹤峒;由艇子浜而入,则为麦丘;由竹田而入,则为折桂桥,区分络贯,其广六十亩。而作堂其中,曰续古之堂,庵曰拙修之庵,轩曰耕息之轩,又作亭于桃花池,曰知乐之亭,亭成而庄之事始备,总名之曰东庄,因自号东庄翁。"沈周为绘《东庄图册》,凡二十一景。潘遵祁抄存《须静斋云烟过眼录》著录《东庄图册》："今其地为天赐庄,惟折桂桥尚存,馀俱湮没为田庐民舍,云烟变灭,直一刹那耳。"至嘉靖朝,布政司左参议徐廷裸又于此筑园,王世贞《古今名园墅编序》说:"徐参议廷裸园,因吴文定东庄之址而加完饬,饶水竹而石不称。"另有《游吴城徐少参园记》记之。

岁月无情,延至清初,天赐庄里的园墅已荡然无存。乾隆《姑苏城图》在此注"此一大片是田",俗称钟楼、方塔的文昌阁,耸立田野中,还点缀着东城桥、折桂桥、圣贤堂、青松庵等寥寥无几的建筑。直到光绪初年,美国基督教监理公会以此为传教基地,建造了圣约翰教堂,开办医院和学校,其中东吴大学堂(即今苏州大学址)、博习医院(即今苏州大学附属第一人民医院址)影响很大。范烟桥《茶烟歇·杏坛花雨》说:"天赐庄自成一区,自望信桥来,冬青屏绿,长垣迤逦,别有风格。若在秋深,缘壁而生之菱角草,殷红如枫叶,而法兰西梧桐黄叶乱飞,觉天然图画,胜于粉本也。其地故甚荒凉,按之志乘,似为卢师庵旧址。至今东吴之西,教师宿舍所在,犹称卢师浜,可证。王佩诤兄《宋平江城坊考》引《吴门表隐》云:'有邵某笃学敦行,卢雍之师,因名卢师。'数百年后,仍为笃学敦行之教,可谓今人不让古人矣。其西旧为姜家巷,源流不详。其东城堞如障,濠流如带,而钟楼下阡陌纵横,农作可睹,半村半郭,洵读书佳境也。"

明清历任地方大吏,对王废基、南园、北园、天赐庄等城中田野,都没有作发展的规划,自然各有原因,但保留城市绿地,维护生态环境,对苏州这样经济繁荣、人口众多的大城来说,具有重要意义,尽管这种无所作为是并不自觉的。

衙署林立的省城

自清顺治二年平定江南后，苏州府成为省城，官僚政治体系的确立，形成了衙署林立的城市特征。

这里介绍一下主要衙署的建置和建筑。

巡抚都御史台，在书院巷，今属苏州卫生技术学院。清代巡抚为一省最高行政长官，掌财政、民政、吏治、刑狱、军政，地位略次于总督。顺治二年改南直隶为江南省，设江宁巡抚、安庐池太巡抚、凤阳巡抚、操江巡抚。江宁巡抚驻苏州，辖江宁、苏州、松江、常州、镇江五府。康熙五年分江南省为江苏、安徽两省，江苏巡抚驻苏州，辖江宁、苏州、松江、常州、镇江、扬州、淮安七府，徐州一州。自乾隆二十五年起，江苏巡抚辖江宁、苏州、松江、常州、镇江、扬州、淮安、徐州八府，太仓、通州、海州三直隶州。巡抚都御史台本是鹤山书院旧址，前明永乐、宣德间巡抚莅郡，即治事其中。顺治二年毁于兵，九年复建。大门外有东西辕门，东曰"保障东南"，西曰"澄清海甸"。大门内，东立土地祠，西设寅宾馆。仪门内大堂三楹，额曰"明慎容保"，左右各树一碑，为《新建巡抚都察院碑记》、《都察院书佐题名记》，皆钱谦益所撰。堂东立闻喜堂，西设书吏房舍，后有川堂及时几堂，仍仿旧制，又创来鹤楼于后堂之北。辕门外东西，则设差役班房。康熙元年，巡抚韩世琦重葺，名其堂曰都御史台。九年，巡抚玛祐增厅宇一百三十馀楹。十五年，巡抚慕天颜在来鹤楼后创大楼七楹，扁曰"擎天捧日"，其后建鹿随轩。三十三年，巡抚宋荦在来鹤楼东构深净轩。咸丰十年，衙署遭毁。同治六年，署理巡抚郭柏荫重建，并在署后辟操场。十一年，巡抚张树声在深净轩后建思贤堂。十三年，巡抚吴元炳在东南隅建魁星阁。今仅存同治五年重建之大门、仪门、后堂、后楼等。大门为硬山顶，面阔五间二十三米，进深十米，梁架扁作有彩绘。仪门面阔五间二十三米，进深八米馀，穿斗式梁架圆作有彩绘。后堂面阔三间十七米,进深十一米,檐高四点五米,两山墙设博风、先排山、竖带脊,正脊为七套龙脊,内有覆盆式青石柱础。后楼即来鹤楼,面阔五间二十三米,进深九点四米,底层和楼层均施船篷轩,底层梁架为扁作,楼层为圆作。因大堂于一九八〇年拆除,后堂和后楼前移,空间局促,远非旧观。

承宣布政使署,在学士街,今属苏州教师发展中心。清代布政使掌全省民政、田赋、户籍等,为总督、巡抚属官。顺治二年,江南省设左右两布政使,并驻江宁府。十八年,巡抚朱国治以江宁、苏州、松江、常州、镇江五府钱粮较他郡为重,驻居省垣,不便征解,题请右布政使移驻苏州府,辖江宁、苏州、松江、常州、镇江五府。康熙五年,右布政使辖江宁、苏州、松江、常州、镇江、扬州、淮安七府,徐州一州,仍驻苏州。六年,停左右名分,改江苏布政使。乾隆二十五年,江苏布政使改江苏苏州布政使,辖苏州、松江、常州、镇江四府,太仓一州。使署本王鏊怡老园,康熙元年,巡抚韩世琦更新之。大门东向,仪门南向,堂改题曰"正已"。堂之侧,东为银库,西为钱库,并曰"永盈"。五年,右布政使佟彭年捐俸重建,改大门为南向,并建三尊堂为宾馆。九年,布政使慕天颜以仪门右逼于民舍,购其地以扩基址,建旁廊为书吏造册之所。咸丰十年毁于兵。同治六年,布政使郭柏荫重建。今仅存后楼一座,坐北朝南,面阔五间二十八点九米,进深十点八米,左右带厢楼。

提刑按察使署,在道前街,今为行政机关大院。清代按察使掌一省刑名按劾之事,具司法和监察职能,兼领本省驿传,为总督、巡抚属官。顺治初,江南省设按察使,驻江宁,辖全省。康熙三年增设按察使驻安庆,辖上江府州,而辖下江府州者仍驻江宁。雍正八年,自江宁移苏州,即原苏松兵巡道署建衙,称江苏提刑按察使司。咸丰十年毁,同治五年,按察使郭柏荫重建。今正路存大门及八字照墙、二堂、楼厅,东路存花厅两座及楼厅。大门为中柱将军门,硬山顶,前有抱鼓石三对,面阔三间十二点八米,进深四架五点六米,檐高四点二米。二堂作工字殿式,硬山造,圆作梁架,哺龙脊,前后殿明间以卷棚顶穿廊相连。前殿面阔五间二十一点八米,进深七架十三点七米,檐高四点九米,殿内四金柱为楠木,大梁上有彩绘包袱锦。后殿面阔五间二十一点八米,进深七架十点三米,檐高四点三米,石鼓墩柱础雕刻精细。后天井两侧有复廊。楼厅为硬山顶,面阔五间二十五米,进深七架九点八米,前有船篷轩雀宿檐。东路花厅均面阔三间,进深七架。楼厅面阔三间,形制同东路楼厅,正贴为四架梁前后双步,南加船篷轩雀宿檐。更东为花园,园中惟小楼为清代建筑。

督学试院,在定慧寺东,约今吴作人纪念馆址。旧在新阳县,清咸丰十年毁。同治三年,巡抚李鸿章奏建今所,颜其堂曰"景范",有屋一百六十馀椽。包天笑《钏影楼回忆录·考市》说:"现在这个考场很宽大,里面可以坐数千人。有头门、二门,进去中间一条甬道,两边都是考棚,一直到大堂,大堂后面,还有二堂以及其他厅事、房舍等等,预备学政来考试住的。"光绪三十一年废科举,改设提学使,考试苏州、松江、常州、镇江、太仓四府一州优拔生及举贡生员出路,犹于此举行。今

督学试院　摄于一九二〇年代

惟存清末民初旧影,聊以记忆。

提学使署,在沧浪亭北,即可园址。雍正七年,巡抚尹继善即废祠建近山林,以馆奉使至郡者。嘉庆十年,总督铁保、巡抚汪志伊以白云精舍及可园地建正谊书院。道光七年,布政使梁章钜将西偏之园拨归书院,时占地二十馀亩,有挹清堂、坐春舻、濯缨处诸胜。咸同之际遭毁。光绪十四年,布政使黄彭年重修,设学古堂。三十一年裁学政差,各直省改置提学使,秩正三品,专司学务。江苏省分江宁、江苏为二,江苏提学使驻苏州,其署即此。三十一年,巡抚陆春江设游学预备科于此,三十三年改存古学堂。园有学古堂、博约楼、黄公亭、思陆亭、陶亭、藏书楼、浩歌亭、小西湖八景。今已经整理,对外开放。

苏州府署,在道前街(旧府前街),即今苏州会议中心址。雍正二年后,苏州府领吴、长洲、元和、吴江、震泽、昆山、新阳、常熟、昭文九县。十三年置太湖厅,光绪三十二年以吴县洞庭西山置靖湖厅。终清之世,苏州府领九县两厅。府署原为元江淮财赋提举司,后改都水庸田使司,明初平吴,移建府署于此。顺治二年,除聚星堂外悉毁于兵,自知府丁允元起先后建丰盈库、大门、大堂、仪门、宾馆、六曹廊庑等。康熙七年,知府曹鼎设东西两坊。十一年,知府宁云鹏葺凝清堂,十二年重修东西两坊,题其东曰"泰伯流风"、"清勤率属",其西曰"春申旧迹"、"威惠宜民"。四十二年,圣祖南巡,赐知府石文焯"世恩堂"额,改凝清旧

名。四十六年,圣祖南巡,又赐"宜民"两字匾额,知府贾朴悬诸堂。乾隆八年,知府觉罗雅尔哈善于堂右构便坐,颜曰"景范"。乾隆十六年,知府刘慥重建后堂,王鸣盛有记。道光六年,知府陈銮重辟后囿。咸丰十年,廨宇残毁。同治二年大加修建,十年重建木兰堂。据民国《吴县志》卷首《苏州府署图》标绘,其中轴线上,有照墙、大门、仪门、黄堂、照墙、宜民堂、内宅、上房、木兰堂、后池,仪门前两侧有差房,仪门两侧有东角门、西角门、宾馆,黄堂前两侧有吏、户、礼、兵、刑、工六曹廊庑及皂隶房,宅门东侧有官厅,宜民堂两侧有花厅,内宅两侧有书房。照磨厅则在署外东吏库,门前亦有照墙。今则已无遗迹可寻。

吴县署,在古吴路,吴县直街北,今属苏州市第十六中学。明洪武元年移置,清顺治二年毁于兵。十二年,知县吴明相建正堂及东西二库。康熙六年,知县金梦蛟建后堂、川堂、六曹廊舍。十一年,知县吴存仁增葺内廨。二十九年,知县张隆修正堂,建门庑。六十一年,知县蔡永清增建内堂五楹、后楼二重,西偏构小轩,旁建屋十馀间。乾隆二年,知县陈志伟增建"明慎"、"恤刑"两木坊,及帝谕一座于大堂前,并修造二堂、川堂。八年,知县姜顺蛟将内署大加修整。咸丰十年毁,同治十二年重建。据民国《吴县志》卷首《吴县署图》标绘,其中轴线上,有照墙、大门、二门、大堂、宅门、二堂、内室、上房,两侧有廊庑、厢房、花厅,东隅有土地祠,西隅有监狱、典史厅、粮房。一九二七年废圮,今已遗迹全无。

长洲县署,在长洲路,福民桥北,今属苏州市职业大学。明洪武元年移置,清顺治二年毁于兵。康熙二十一年,知县祝圣培重建。二十三年,知县徐弘炯改作,仍复其旧,颜其堂曰"尊美",仍宋称也,汪琬有记。咸丰十年毁,同治十一年重建。据民国《吴县志》卷首《长洲县署图》标绘,其中轴线上,有照墙、大门、二门、大堂、尊美堂、内室,两侧有廊庑、花厅、书房、厨房、土地祠,东北隅有魁星阁。署之东墙外,今吏舍弄一带,有典史厅、宾馆、客厅等。署之西墙外,即今长洲路小区,有监狱等,则早已遗迹全无了。

元和县署,在元和路,今属苏州市第一中学。清雍正二年,析长洲县地置县。六年,建治如制。咸丰十年毁,同治十一年重建。据民国《吴县志》卷首《元和署图》标绘,其中轴线上,有照墙、大门、二门、公生明坊、大堂、二堂、三堂、堂楼,大堂前两侧有廊房,二堂两侧有花厅,三堂两侧有书房,西隅有监狱、典史厅。今存正路两进,东路三进。正路二堂硬山顶,圆作梁,面阔五间,前有左右两庑及中央卷棚顶穿廊。东路有寿藤轩三间，知县李超琼题额，轩后有古紫藤一架，相传宋植。前附卷棚歇山顶方亭，梁架浅刻，饰有木雕垂篮。

此外，清代苏州的官署，还有宝苏局、铜元局、火药局、军装局、官书局、刷印局、浒墅关、苏州关、善后局、漕运局、督销局、房捐局、牙厘局、厘捐局、膏捐局、落地货捐局、洋务局、医药局、巡警总局、乡约所、流氓公所、电报局、电话局、邮政局等。

比较特别的是织造府，在带城桥下塘，今属苏州市第十中学。明洪武初在苏州天心桥设局，即今北局址，织造宫廷应用丝织品，永乐中改派中官监督，司礼监有苏州织造太监一名，驻苏州。后两京、浙江、江西、福建、四川、河南、山东、南直隶各府皆设局，凡二十二处。因南京、苏州、杭州织造用于上供，各设提督太监督造，史称"江南三织造"。清顺治初改由户部派员管理，十三年仍归内十三衙门派员，每年更换。康熙二年改由内务府派官久任，自此以后，织造监督均为皇上派驻各地之耳目官，密折制度至道光初始废。顺治三年，命内工部侍郎陈有明总理苏州织造事，即明嘉定伯周奎故宅改建。康熙十三年，始专为苏州织造衙门。二十三年，在东部营建行宫。圣祖、高宗南巡，皆驻跸于此，御书联额甚多。据《南巡盛典》卷九十九"苏州府行宫"平面图标绘，织造衙门占地广袤，建筑规整有序，且有戏台、园池多处。咸丰十年毁，同治十年重建，未复旧观。今存大门、仪门等。大门作硬山造，面阔三间十三点四米，进深六点四米，于脊柱间安断砌门三座，门扉六扇及门簪、抱框、连楹、下槛、砰石等为原物。大门及民国时所建多祉轩内，壁置顺治四年《织造经制记》及顺治、乾隆、同治年修建碑记五方。一九九六年，维修了以瑞云峰为中心的行宫遗址。

一个城市，拥有如此庞大的行政机构，如此众多的从政人员，如此巨额的住民税款，充分说明清代苏州具有强烈的政治色彩。同时，这些行政机构几乎都集中在城南，也影响了整个城市的格局。

文庙和泮宫

苏州之立官学,始于唐肃宗时,《新唐书·李栖筠传》记栖筠拜浙西都团练观察使,"则又增学庐,表宿儒河南褚冲、吴何员等,超拜学官为之师,身执经问义,远迩趋慕,至徒数百人"。祥符《图经》记子城西南有文宣王庙,疑栖筠所设学庐,当与庙相近。又据梁肃《昆山县学记》记载,代宗大历九年,太原王纲以大理司直兼任昆山县令,"大启室于庙垣之右,聚五经于其间,以邑人沈嗣宗躬履经学,俾为博士,于是遐迩学徒,或童或冠,不召而至,如归市焉"。此乃"庙学合一"、"左庙右学"之权舆,后为天下效法。

北宋景祐元年,范仲淹诏知苏州,因州人朱公绰等请,始为奏闻,明年立州学于南园一隅。楼鑰《范文正公年谱》记了一个故事:"先是公得南园之地,既卜筑而将居焉,阴阳家谓当踵生公卿。公曰:'吾家有其贵,孰若天下之士咸教育于此,贵将无已焉。'遂即地建学。"

景祐立学,规制初备。朱长文《苏州学记》说:"始姑苏郡城之东南有夫子庙,所处隘陋。及文正公以天章阁待制守是邦,欲迁之高显,相地之胜,莫如南园。南园者,钱氏之所作也,高木清流,交荫环酾,乃割其巽隅以建学。广殿在左,公堂在右,前有泮池,旁有斋室。是时学者才逾二十人,或言其太广,文正曰:'吾恐异日以为小也。'于是召安定先生首当师席,英才杂遝,自远而至。厥后登科者逾百数,多致显近。"五十馀年后,"学者倍蓰于当时,而居不加辟也",且"黉舍倾陊褊迫,寒薄暑燠,诸生病之,来者无所处"。元祐四年,得仲淹第三子纯礼之助,有诏给以度牒十纸充费,扩建修葺。"完善创新,累工逾万,期岁而告成,不以一分取于民。公堂廊如也,廊庑翼如也。斋室凡二十二,而始作者十。为屋总百有五十楹,而初建者三之一。立文正公、安定先生祠宇。迁校试厅于公堂之阴,榜曰'传道'。庖厨澡堂,莫不严洁。窈然而深,旷然而明,其处

府学文庙大成殿 摄于一九一〇年代

也宽,其容也众。南楹引爱日,北牖延清风,咸适其宜矣。凡学田之佃于人而隐没者,为之括而实之;屋之僦于市而已坏者,为之新而复之。养士之资,由此不匮,皆太守所命也"。

南宋建炎四年,平江遭金兵毁城,府学亦荡然无遗。绍兴至淳熙间陆续重建。宝庆三年又遭大风雨,建筑大都摧圮,绍定初重建。在绍定二年《平江图》上,"府学"占地广大,体制完备。此后屡经重建、修葺,至今遗规仍在。将《平江图》与清乾隆《姑苏城图》比较,它的范围基本未变。在《平江图》上,它东至大街,西至第二直河南延偏西一线,南至昼锦坊,北与"南园"毗邻。在乾隆《姑苏城图》上,它东至卧龙街,西至"园地",南至杨家巷,北与紫阳书院毗邻。就两图之标绘来看,几乎重叠。正德《姑苏志》卷二十四称其"延袤一万九千丈,周一百五十亩",约合十万平方米。

在中国古代教育史上,苏州府学向以历史悠久、规模宏大、制度规范闻名天下。南宋淳祐六年,李起《苏学重修记》说:"吾乡学宫甲于浙右,仪门正殿,授经之堂,肄业之室,若直庐,若廊庑,莫不雄深巨丽。前者规,后者随,殆非一人一日之力起。"元至正五年,郑元祐《重修平江路儒学记》说:"维吴有学,肇自范文正公父子。更宋渡南,而吴之文庙与学宫始大备。至国家大一统,兴学劝士,累诏郡国。六七十年之间,所在学校,诵声相闻。"明成化四年,徐有贞《苏郡儒学兴修记》说:"苏为郡,甲天下,而其儒学之规制亦甲乎天下。是盖有泰伯至德之化、子游文学之风、安定师法之传在焉,不徒财赋之强、衣冠之盛也。"又说:"使世之论者,谓吾苏也,郡甲天下之郡,学甲天下之学,人才甲天下之人才,伟哉。"王锜《寓圃杂记》卷五也说:"吾苏学宫,制度宏壮,为天下第一。人材辈出,岁夺魁首。近年尤尚古文,非他郡可及。自范文正公建学,将五百年,其气愈盛,岂文正相地之术得其妙欤。"

这一状况,一直持续到晚清。由于废除科举,兴办新学,失于修葺,日益衰颓。一九三六年,朱偰前来访游,他在《苏台访古录》里说:"路北东边是棂星门,经过二重庭院,直达大成门,再进便是大成殿,黄屋崇檐,颇为庄丽。西边是府学门,再进为端门、宜门。立在大成门前,望前面院落,规模颇为宏敞;只是甬路上生满蔓草,分不出是路是草地;而曲折的水道,由泮池引入,也是遍生芜草。这里是旧式文化曾视为中心的地方,而今已零落不堪;但是水流是清澈的,松柏是苍润的,庭院固然寥落,但依然锺灵毓秀。可惜地方当局,似乎对于此处早已忘怀了。"一九五〇年代后,其范围一再缩小,部分建筑拆除,侵占情形日甚一日。一九七八年开始陆续修复,但昔日深广巨丽之观,已无可再睹。

自北宋景祐至清同治,庙学各建筑兴废无常,虽文献俱在,但叙述为难。今以民国《吴县志》卷首《苏州府学图》为依据,结合现状,简略介绍庙学的布局和建筑。

当范仲淹创建州学时,已作"左庙右学"格局,即文庙和泮宫并列,文庙在东,泮宫在西。

在文庙中轴线上,依次有簧门、洗马池、櫺星门、戟门、大成殿、崇圣祠。今存明成化十年重建的櫺星门、戟门、大成殿,及清同治三年重建的崇圣祠。櫺星门为六柱三门四壁出头青石牌坊,总面阔二十五点五米。冲天柱云冠雕饰盘龙,下立抱鼓石夹杆,两中柱高八米,四边柱高六点八六米,柱间有枋额两道,雕行龙、翔凤、仙鹤,并饰日月牌版及云版。四堵砖壁以九方青石板贴面,呈井字形,中央雕牡丹或葵花图案,四角饰卷草如意纹,上覆瓦脊,下承石须弥座。整体雕刻雄浑刚健,粗中见细,具有鲜明的明代艺术风格。因戟门南曾被占用,隙地局促,今改置于戟门北。戟门亦名大成门,硬山造,面阔五间二十五点米,进深七檩十二点五米,左右接掖门各三间,今仅存东掖门三间,通面共十间,阔四十七点八米。明间与左右次间安断砌门,台基前踏跺中央置团龙御路。大成殿为主殿,重檐庑殿筒瓦顶,面阔七间三十米,进深十三檩二十一米,高二十点五米,台基高约一米,殿柱均施连礩覆盆式石础,廊柱础加杵状石楯,上廊柱础和步柱础加合盆式木鼓墩。下檐用五踩重昂,栌斗后尾出翘一跳,跳头上施三伏云与上昂相交,昂之上端则支于挑杆之下。梁架结构以上檐斗拱保存古式最多,柱础与槶亦存古制,墙瓦均饰以黄。殿前施露台,横宽二十四米,纵长十九米,三面围以石栏,各砌踏跺,南踏跺中央置团龙御路。崇圣祠旧称启圣祠,单檐歇山造,面阔五间二十米,进深十五米,前设两庑、墙门,自成院落。戟门至大成殿间为广庭,古树参天,东西各有廊庑。大成殿至崇圣祠间,东西亦有廊庑,

府学泮宫 摄于一九二〇年代

今仅存西隅一段。

在泮宫中轴线上,依次有泮宫坊、学门、锺秀桥、南仪门、泮桥、北仪门、七星桥、明伦堂、敬一亭、尊经阁。南仪门至泮桥间,东有名宦祠、胡文昭祠,西有乡贤祠、范文正祠。泮桥至北仪门间,东有星石、省牲所、韦白二公祠,西有廉石、况公祠、九公祠。过七星桥,东有志道、依仁两斋,西有据德、游艺两斋。敬一亭东有文昌殿,西有洒扫所。尊经阁后则池沼畦圃,长松古桧,亭阁点缀其间。一九五〇年代尚存泮宫坊,立于学门之前,学门左右为八字照墙,形成开阔空间。坊作四柱三间三楼,中为中间,两旁为次间,石柱木枋,枋面有"泮宫"额,定盘枋上施以斗拱,承托歇山顶,攒角翘起。整座牌坊,线条柔和,构筑精致,与四周环境和谐。坊左右各置青石阑,整石凿空,作花瓶撑,阑柱则作莲花头,堪称精美绝伦。今泮宫建筑,则惟存泮桥、七星桥、明伦堂。泮桥架泮池上,本为木梁,明宣德三年改为三孔青石平桥,胡概《苏州府儒学泮桥记》说:"上则树以文础,而栏槛其两旁,以为凭眺之倚;下则植以菱芡芙藻,亦胜观也。"七星桥架大池上,本亦为木梁,宣德三年改为七孔砖石平桥,陈孟浩《新建苏州府儒学石桥记》说:"布木以实其底,设为七顿,顿高去水十有三尺。桥之上立石柱、石梁于两旁,中行甃以砖石。长一百有贰十尺,广一十有贰尺。"明伦堂为泮宫主体建筑,明洪武六年建于成德堂旧址,正统二年重建五间两掖,今存者为同治三年重建,砖博风硬山造,面阔七间三十米,进深十八点七米。

景祐立学,本占钱氏南园之地,水木清华,景物明瑟,好事者题有十景。元祐七年,州学教授朱长文《苏学十题序》说:"苏学昔有十题,曰泮池、玲珑石、百干黄杨、公堂槐、辛夷、石楠、龙头桧、蘸水桧、鼎足松、双桐是也,或云苏子美命名,然篇咏莫传,殆有其名而无其辞也。余顷至学中,访所谓十题者,其存有六,而龙头桧、蘸水桧、鼎足松、双桐亡矣。""夫无则已矣,其存者当为之珍惜。因取六物,又益之以多干柏、并秀桧、新杉、泮山,复为十题,题各有诗,以传来者。"自此以后,郡学风景之佳丽,遂脍炙人口。明洪武六年,贡颖之《苏州府学之图记》说:"一郡之胜,学实擅之。交流汇于前,崇山峙其侧,缭以坚墉,引以通衢,飞甍峻桷,俯瞰阛阓,亭池射圃,左右映带,林木蔽蔚,清风穆如,真足以昭圣德于无穷也。"王汝玉等题有八景,胡概《苏州府儒学八咏诗引》说:"平衍夷旷,周回三四里,其内有胜处者八,杂于学宫,曰南园,曰道山,曰泮池,曰杏坛,曰古桧,曰来秀桥,曰采芹亭,曰春雨亭。"故王鏊《苏郡学志序》说:"由今观之,大成之殿,明伦之堂,尊经之阁,高壮巨丽,固已雄视他郡,其间方池旋浸,突阜错峙,幽亭曲榭,穿碑古刻,原隰鳞次,松桧森郁,又他郡所无也。"今除泮池一带外,道山、春雨池、碧霞池等均在苏州中学范围内,尚存遗规。

文庙、泮宫两组建筑均坐南朝北,南临之街,两宋为昼锦坊,元代起称杨家巷,郭翼《春日有怀》有"二月作客杨家巷,东望沧浪眼欲醒"之咏。明清时杨家巷阔两三丈,与巡抚都御史台前的南园巷(今书院巷)、卫指挥使署前的卫前街、府署前的府前街、按察使署前的道前街等同为苏州城内最阔街道。按营造规制,凡圣贤屋宇前,路面用矩形石板,中央竖接,两旁横列,如箧箕状,故俗称箧箕街。又因文庙、泮宫南墙上嵌立碑石颇多,也称碑记街,一九四〇年《吴县城厢图》上,此街东段称碑记街,西段仍称杨家巷。一九五〇年代初,碑记街、杨家巷合并称新市路。杨家巷东西街口,各有牌坊一座,据张大纯《采风类记》卷二记载,明嘉靖三十七年,巡按尚维持、知府温景葵重修庙学,"又建'万世师表'、'三吴文献'两石坊,分列庙学门外东西"。清雍正元年,上谕内阁礼部:"至圣先师孔子,道冠古今,德参天地,树百王之模范,立万世之宗师,其为功于天下者至矣。"于是改东坊额曰"德参天地",西坊额曰"道冠古今"。今存晚清东西两坊旧影数帧,由东望西,瑞光塔影影绰绰;由西望东,大成殿掩映在丛树之中,櫺星门、泮宫坊依稀可辨。朱偰在《苏台访古录》里描写了杨家巷一带的景象:"城南的文庙,也是一处令人流连的地方。经过洪杨兵火劫后,南城满目苍凉,立在文庙櫺星门前,望去是一片绿油油的草原和迢迢的长垣,只有千百年来劫馀的古塔,矗立西南,点破岑寂;然而塔椽和檐,都已零落殆尽,塔身也是

府学外东牌坊　摄于一九二〇年代

府学外西牌坊　摄于一九一〇年代

歆倾欲倒。文庙前面左右,是古色古香的两座牌坊,照例的题着'德参天地'、'道冠古今',是就石牌坊改造,上边石雕尚存明代的作风。"

明清时,庙学东西有侧门,遥遥相对,东辟于卧龙街,其位置约对直今工人文化宫,西则与今泮环巷相接。据张大纯《采风类记》卷二记载,"正德元年建学东西二门,东曰'跃龙',西曰'翔凤'";"嘉靖二年,知府胡缵宗重建大门,改'跃龙'曰'龙门','翔凤'曰'凤池'"。在"龙门"以北,跨卧龙街连续筑有三座牌坊,自北而南依次是状元坊、会元坊、解元坊。据乾隆《吴县志》卷九记载,状元坊,"明天顺四年知府姚堂为历科状元立";会元坊在状元坊南,"明弘治十二年知府曹凤为历科会元立";解元坊在会元坊南,"明天顺四年知府姚堂为历科解元立"。可见这三座牌坊,乃为全府状元、会元、解元而立,属于集体表彰。据民国《吴县志》卷一《苏州府学图》标注,状元坊在启圣祠东墙外,会元坊在大成殿东墙外,解元坊在戟门东墙外,因此那里就被称为"三元坊"。据《苏州府学图》标注,龙门以南有座卧龙桥,过桥再南,另有一座进士坊,也跨街而筑,那已接近今新市路了。

一九八六年,文庙被辟为苏州碑刻博物馆,今泮宫一部分也纳入馆址。馆中碑刻、拓片等收藏丰富,主要有《平江图》、《天文图》、《地理图》、《帝王绍运图》四大宋代石刻,《人帖》、《过云楼法帖》等书条石,明清苏州经济碑刻尤多,是为馆藏特色。一九六一年,宋代石刻被列为全国重点文物保护单位;二〇〇一年,苏州文庙与宋代石刻同被入全国重点文物保护单位。

浙西第一客馆

客馆,又称亭馆,乃官府接待宾客之处。苏州城市地位隆高,又处水陆交通要道,自古客馆众多,《吴地记》就记有全吴、通波、龙门、临顿、升羽、乌鹊、江风、夷亭八所。自五代吴越至北宋元丰间,更有增置。《吴郡图经续记》卷上说:"临水之亭,《图经》所载者四。今漕渠之上,增建者多矣,曰按部,曰缁衣,曰济川,曰皇华,曰使星,曰候春,曰褒德,曰旌隐之类,联比于岸矣。""近岁,高丽人来贡,圣朝方务绥远,又于城中辟怀远、安流二亭,及盘阊之外各建大馆,为宾饯之所。"据《吴郡志》和《平江图》记载,南宋绍定前平江府的客馆,几乎都在城西,尤其集中在西南隅,胥、盘间城下有姑苏馆,孙老桥东、吉利桥西的河北岸有吴会亭、升羽亭、候春亭、茂苑亭、春波亭,饮马桥东北岸有皇华亭、平汇亭,在梵门桥南有升平馆,贡院前河西有宾兴馆;皋桥西南有望云馆,盘门内有吴门亭。又有两处高丽馆,一在阊门外,一在盘门外,专门接待高丽国客人。

苏州客馆虽多,若论规模和影响,当以姑苏馆为最。《吴郡志》卷七说:"姑苏馆在盘门里河西城下,绍兴十四年郡守王晚建。体势宏丽,为浙西客馆之最。中分为二,曰南馆、北馆。绍兴间,始与虏通和,使者岁再往来此馆,专以奉国信。贵宾经由,亦假以艤船。登城西望,吴山皆在指顾间。故又作台于城上,以姑苏名之。虽非故处,因馆而名,亦以存旧事也。制度尤瑰,特为吴中伟观。此台正据古胥门,门迹犹存。又有百花洲在台下,射圃在洲之东。台、洲皆晚所建,并馆额皆吴说书。"

这段记载未说明白,姑苏馆其实早就有了,并非王晚建于绍兴十四年。赵鼎《丙辰笔录》记载绍兴六年九月初八日"泊姑苏馆",虽然当时姑苏馆已遭兵燹,但还是官船的停泊处。至绍兴十四年,王晚在原址重建。孙觌《内简尺牍》卷四有《与平江守王侍郎》,即是给王晚的信,其中一通写道:"传闻姑苏馆宏丽雄深，为三吴之冠，如西楼、齐云之属，又复告成矣。吴门兵火更二十年，阅十数守，凋残如故，至今始复旧观，万口称颂，非区区之私也。"另一通写道："某宦游半天下，如姑苏二馆、北园一亭，承平时亦未尝见，高薨巨栋，咄嗟而办，规模宏大，可支十世。"说得十分明白。但姑苏馆究竟起建何时，今已无可稽考。

王晚不但重建了姑苏馆，还在城墙上盖了间小石屋，题名"姑苏台"，在城下的荒地上辟了个花圃，题名"百花洲"。姑苏台、百花洲是春秋吴都故迹，均在城西，王晚信手拈来，以存故事，想不到让后人误会了，以为历史上负有盛名的姑苏馆、百花洲就在那里，闹出不少笑话来。

从《平江图》上来看，姑苏馆的范围，西则沿城，东至今西大街、吉庆街一线，南至今姑苏区少年宫南墙一线，北至今朱家园一线，与盐仓厅、抽解场、都税务相接。姑苏馆内分南北两区，北区为馆舍所在，大门北向，中分南北两馆，西部有一组建筑，南部有门，与南区相接。南区西部城墙上即姑苏台，东部即百花洲。当时胥门已塞，均由姑苏馆东侧河道（即第一直河）出入盘门，范成大《骖鸾录》就记道："石湖居士以乾道壬辰十二月七日发吴郡帅广西，泊船姑苏馆。十四日出盘门，大风雨，不行，泊赤门湾。"

姑苏馆是平江府最大的客馆，凡停宿馆中者，须有一定官阶。洪武《苏州府志》卷八说，姑苏馆"专以待国信使副，而往来之官，文臣非太中大夫、武臣非观察使以上，不许指占，有版榜揭诸外廊"。周必大是有这个资格的，《乾道庚寅奏事录》记闰五月，"辛卯，未后至平江，知府汪圣锡、提举常平芮国瑞相候于姑苏馆"；"壬辰，至从母宅，赴府会于齐云楼、池光亭，晚招仲贤、子长置酒姑苏台，劝酬百花洲，暴风雨"；"甲午早，赴芮国瑞会，夜携家赏月姑苏台"；"丙申早，就百花洲具饭，待昆山诸亲"。

时人咏唱姑苏馆的极多，以杨万里为例，《泊平江百花洲》云："中吴好处是苏州，却为王程得胜游。半世三江五湖棹，十年四泊百花洲。岸傍杨柳都相识，眼底云山苦见留。莫怨孤舟无定处，此身自是一孤舟。"《泊船百花洲登姑苏台》云："二月尽头三月初，系船杨柳拂菰蒲。姑苏台上斜阳里，眼度灵岩到太湖。"元宵节到了，杨万里正在馆中，《姑苏馆上元前一夕观灯》云："茂苑元宵亦盛哉，千红百紫雪中开。牡丹自是吴门有，莲荅移从都下来。光射瑠璃最精彩，吐成蝘蜒贯昭回。归船尚有残灯在，更与儿曹饮一杯。"又《姑苏馆上元前一夕陪使客观灯之集》云："节物催人又一年，银花莲炬照金尊。麝脐官样陪公燕，粉茧乡风忆故园。何似儿孙谈草草,不妨灯火半昏昏。人生行止谁能料,今夕苏州看上元。"

杨万里还提到馆中的故实,《舟中元夕雨作》一首云:"此生万事有期程,多取抛饶竟不曾。谁遣夜来南馆里,千花预借上元灯。"自注:"姑苏馆中,送伴使泊南馆,北使泊北馆。"据《金史·礼志十一》记载,"凡使将至界,报至则差接伴使,至则差馆伴使,去则差送伴使,皆有副,皆差书表以从"。送伴使住南馆,北使住北馆,乃是当时的则例。吴必大《重修姑苏馆记》说:"炎宋中天,翠华南幸,杭为行在,所遐方拱卫,奔走率职,惟是一介行李,其过都国必馆,吴为馆二,以南、北名,从其便也。"

元大德五年七月,苏州一带遭遇风灾,姑苏馆遭到严重破坏,当年冬,平江路总管董章始鸠百工重修,并改名姑苏驿。方回《姑苏驿记》说:"曰馆,曰驲,曰站,名三而义一,新三站而其地一。马站曰光远,傍为思政亭,水站曰宾贤,傍为通波亭,以至递运站,鞍鞯舳舻,仆从烝徒之须,无一不饬。帷帱瓶盎坐卧饮食之器,无一不具。""侯又开驲马大路,平广十馀里,出城与盘门外桥相接,大书'姑苏驲'三字扁之,而他题颜皆侯老笔。"此后又有所增建,正德《姑苏志》卷二十六说:"元统元年,张蒙古岱构亭于南,扁曰春泽。后至元二年,庆通建馆及桥,扁曰来远,其北馆曰瞻仪,亭曰凝香,南馆曰宾贤。"

姑苏驿何时废置,是否与至正十一年重开胥门有关,惜未找到文献依据。及至明万历年间,姑苏台、百花洲这两处假古董还在,袁宏道《姑苏台》说:"胥门城上有小石亭一间,去门数武,俗说姑苏台旧址在此。余考诸书俱不类。"又《百花洲》说:"百花洲在胥、盘二门之间。余一夕从盘门出,道逢江进之,问:'百花洲花盛开否?盍往观之。'余曰:'无他物,惟有二三十粪艘,鳞次绮错,氤氲数里而已矣。'进之大笑而别。"百花洲的地名,至今尚在。

关于姑苏馆的介绍,至此可告一段落,但还有点馀事可说。

明洪武元年,知府何质在盘门外重建姑苏驿。至成化九年,知府丘霁见其日见圮败,又去府治远,礼宾往来,上下告劳,于是又另建于胥门外。新的姑苏驿,基半筑于水,广袤数十丈,背城面河,气势宏敞,北有延宾馆,后有昭赐楼,可以登眺。驿之右有皇华亭,左有月洲亭,相去百步,为使客憩息之所。这就是后来胥门接官厅的滥觞。

清道光前,官府接待宾客,主要在近山林,即今沧浪亭北的可园。雍正七年,巡抚尹继善即废祠改建,题额"所憩"。沈复《浮生六记·闺房记乐》记乾隆四十五年中秋夜,偕芸娘游沧浪亭,"亭在土山之巅,循级至亭心,周望极目可数里,炊烟四起,晚霞灿然。隔岸名近山林,为大宪行台宴集之地,时正谊书院犹未启也"。沧浪亭早在康熙间已重修,成为官府园林,有厅堂、戏台诸构,食宿则或不敷,故尹继善建近山林,两者甚迩,往来方便。

玄妙观里

玄妙观在城中东北隅,起建于西晋咸宁二年,初名真庆道院,唐开元二年改开元宫。天宝二年,玄宗诏天下诸州置紫极宫,由是改名紫极宫。乾符元年,道士丁紫琼辟文昌、张仙两殿。唐末遭孙儒之乱,四面皆为煨烬,惟三门、正殿存焉。北宋太平兴国六年改太一宫,至道中改玉清道观。大中祥符二年,太宗诏天下置天庆观,由是改名天庆观。建炎兵燹,夷为废墟。绍兴十六年,知府事王晚重作两廊,《吴郡志》卷三十一说:"两廊画灵宝度人经变相,召画史工山林、人物、楼橹、花木各专一技者,分任其事,极其工致。"淳熙初,知府事陈岘重建三清殿。六年,殿毁于火,时提刑赵伯骕摄郡,规划重建,夏文彦《图绘宝鉴》卷四称伯骕"尝画姑苏天庆观样进呈,孝宗书其上,令依元样建造,今玄妙观是也"。八年落成,孝宗赐御书"金阙寥阳宝殿"六字为殿额,郡人龚颐正作上梁文以进。元元贞元年,成宗诏易江南诸路天庆观为玄妙观,毁所奉宋太祖神主。明洪武四年,清理道教,更为正一丛林,置道纪司于此。正统三年,巡抚侍郎周忱、知府况锺重建弥罗宝阁,请赐道藏。清顺治间三清殿圮,康熙初道士施道渊力新之,并建雷尊、天王殿,道纪陶宏化募建东岳庙庑,又建五岳楼。十二年,布政使慕天颜重修弥罗宝阁。至清中期,为避圣祖玄烨讳,玄妙观写作"圆妙观"或"元妙观"。

玄妙观不但是东南一大道场,也是苏州城中主要的建筑群落。自南宋重建,直至晚近,它的四至无多变化。据绍定二年《平江图》标注,其南临闻德坊(今观前街),北抵乘鲤坊(今旧学前),东与县社坛(今社坛巷)相接,西邻大云坊(今大成坊巷),周广五百馀亩。

道光十二年,顾沅辑《元妙观志》,卷首有孔继垚绘《元妙观图》两幅,前图摹自乾隆《长洲县志》,后图绘于道光十一年,均为平面图。两者相距八十馀年,观

玄妙观三清殿 摄于一九一〇年代

中建筑屡经改易,彼此对照,可有所稽考。据《元妙观志》卷一记载,全观对直宫巷,中轴线上依次是正山门、三清殿、弥罗宝阁。正山门八字照墙东西各有一门,东为吉祥门,今称东脚门;西为如意门,今称西脚门。自吉祥门入,依次有玄坛庙、泰安神州殿、天医药王殿(内有斗母阁、路头庙、五路殿)、真官殿、天后殿(内有三元阁、斗母阁、文昌阁)、文昌殿(内有火神殿)、玄帝殿(内有斗母阁)、火神殿、三茅殿、机房殿、关帝殿(内有长生殿、斗母阁)、东岳殿(内有七十二司庙、十王庙、聚仙楼)。自如意门入,依次有雷尊殿(内有五雷殿、雷神殿)、观音殿、三官殿、八仙殿、水府殿。弥罗宝阁东北有肝胃二气司殿、蓑衣真人殿,西北有穿窬方丈。据《元妙观图》后图标绘,吉祥门北,三清殿东南,有四角亭、行宫;如意门北,三清殿西南,有六角亭、长生殿。又,雷尊殿西有育婴遗爱祠。整个玄妙观的建筑大致如此。

这里主要介绍中轴线上的正山门、三清殿和弥罗宝阁。

正山门,重建于乾隆四十年,重檐歇山造,面阔五间二十点四米,进深十二点五米,于当心间脊柱间设断砌门。前之左右分列辟非、禁坛两将军,后之左右分列马、赵、温、王四天君。

三清殿为正殿,重建于南宋淳熙六年,为中国南方最大的宋代木结构建筑,一九八二年被列为全国重点文物保护单位。殿作重檐歇山式,青瓦筒瓦顶,面阔九间约四十五米,进深六间约二十五米。殿柱作满堂柱,纵横成行,凡七列,每列十柱。四周檐柱为八角形青石柱,刻有宋人所书天尊名号及施舍题记。其梁架结构都合《营造法式》,其内槽中央四缝所用六铺作重抄上昂斗拱,为全国仅存孤例;内槽转角铺作在后金柱上者均用插拱,不用栌斗,亦为全国最古实例。中央五间后金柱间筑砖壁,壁前的砖砌须弥坐,供奉玉清元始天尊、上清灵宝天尊、太清道德天尊像,高约六米。殿壁置碑多方,以南宋宝庆元年张允迪刻老君像最为珍贵,像为吴道子绘,有吴带当风之致,上方有颜真卿书玄宗题赞四言十六句。殿门上有巨匾"妙一统元",为清初金之俊书,后因重漆,将款去之。

三清殿前有露台,广四百平方米,三面围以石栏,各砌踏跺。石栏有浮雕人物、走兽、飞禽、水族等,苍老古朴,形象逼真,至今尚可辨形。露台东南隅有无字碑,《元妙观志》卷二说:"明洪武四年清理道教,更元妙观为正一丛林,置道纪司,革香火田以充军饷,方孝孺记,革除忌讳划去,今三清殿东无字大碑是也。"今碑尚在。

弥罗宝阁为后殿,不知起建何时,毁于元末,明正统三年重建,五年落成。胡濙《苏州府玄妙观重建弥罗宝阁记》说,玄妙观"元末至正间毁于兵燹,迨今百有馀年,殿堂廊庑,渐次修建,率皆完美,惟弥罗宝阁工费浩繁,久虚未建,诚为缺典。宗继乃募众缘,遂为创始。正统三年,巡抚侍郎庐陵周公恂如、郡守南昌况公伯律因岁旱,率耆老命都纪郭贵谦祷于其观,遂获甘霖,二公暨阖郡吏民咸欲修坠举废,戮力同心,侍郎、郡守首捐俸赀,以兴复为己任"。重建之阁,"复溜重檐,金碧辉焕,极其壮丽威仪,像设严奉惟谨"。阁高三层,阔九间,奥如巍如,插云切汉,不但是玄妙观内的最高建筑,也是苏城内外的最高楼阁,登临四望,山水村舍,历历在目。阁中有六十青石大柱,每柱六面,共三百六十面,面面精雕天尊像,各有名号,作一年三百六十周天的象征。上层供万天帝主,事玉皇,左右三十六天将;中层供万星帝主,事斗姆,左右二十八星宿;底层供万地帝主,事地祇,左右六十花甲星宿。真是猊炉香袅,群真森列。万历三十年圮,康熙十二年,布政使慕天颜请道士施道渊主持重修。咸丰十年,太平军在屋顶增筑瞭望台,光绪间胡雪岩斥资修复。

弥罗宝阁　摄于一九〇〇年代

一九一二年八月二十八日晚,弥罗宝阁毁于火。叶昌炽《缘督庐日记》壬子七月十六日记道:"晚餐正陈,陡闻楼上惊呼声,一举首则霄半有光煜然,墙壁窗牖皆如倒景反射,再视则红火烛天矣。亟登楼视之,白烟蓬蓬而起,火星飞爆,如万弩之齐发,寂无警笛,耳轮但闻膈膊声,知为非常巨灾,又不知何地,不及携杖踉跄奔出。初疑为史家巷林一师祠堂(即在照墙之前),既而有人登花桥瞭望,言距离尚远,当在孔过桥、温家河岸一带,然何以不堪向迩至此。最后奴子来言弥罗宝阁灾,大厦三层,岩峣上耸,飞甍隆栋,觚棱四出,燎原一发,宜其咄咄惊人,知此言可信也。池鱼之殃虽无虑,突如其来,太猛太骤,壮夫亦望而辟易。自夜七钟半,焚至八钟半始渐熄。此阁发匪之乱,间架尚存,浙江胡雪岩观察捐赀重建,自经始至于落成,皆亲睹之,不意一刹那顷等于阿房之炬。"叶圣陶于是日也记道:"入夜,红光烛天,人声喧沓,开门而望之,在余家西北面。继而锣声四应矣。后知烧去者为观内弥罗宝阁。此阁年代甚古,工程至钜且精。偌大建筑物付之一炬,殊可惜。"从此,弥罗宝阁就成了一堆废墟,直到一九三一年,由张一鹏等募资,于此建造中山堂。

弥罗宝阁的石刻极精,旧时有搨片出售,受到金石收藏家的青睐。如石楣上的一幅,俗谓之波斯献宝,镌番人屈一膝,上身赤膊,长发披肩,项挂金钱,两手举盘,盘中有元宝、珊瑚、珍珠等,光芒四射,上有隶书"太元八年癸未八月造"诸字。又如立上方石上一幅,俗谓之封侯挂印,又名蜂猴爵禄,镌一猴作人立状,一猴猱升玉兰树,树缀蜂窝,另有小亭等。这不但具有金石史上的重要价值,且对阁之建造和材料来源的研究,提供了实物资料。

旧时玄妙观是苏州的市民广场,就像是南京夫子庙、开封相国寺、上海城隍庙,摊贩辐辏,游人如织。顾禄《清嘉录》卷一记新年里的景象:"城中玄妙观,尤为游人所争集。卖画张者,聚市于三清殿,乡人争买芒神春牛图。观内无市鬻之舍,支布幕为庐,晨集暮散,所鬻多糖果、小吃、琐碎玩具,间及什物而已,而橄榄尤为聚处。杂耍诸戏,来自四方,各献所长,以娱游客之目。"平日也是热闹非凡,为百姓的游乐去处,颇多三教九流营生。瞽男盲女,击木鱼铜钹,称说因果;琵琶弦索、胡琴檀板,合动而歌,称苏州摊簧;测字、起课、算命、相面之处,更是闻膻蚁聚;茶坊酒肆及各种小食摊上,吃客如云。此外,卖膏药的,卖盆花的,卖鸟儿的,卖蟋蟀的,货郎蚁聚,星铺杂张。同治十一年八月二十四日《申报》刊平江散人《苏城圆妙观竹枝词》十四首,一首咏道:"繁华胜地冠苏州,裙屐纷纷结伴游。除却雨天人迹少,四时佳日尽勾留。"

夏日黄昏,市民就纷纷去玄妙观里吃"风凉茶",既可乘风纳凉,又可享受吃食,观赏演艺,选买杂物。袁学澜《吴郡岁华纪丽》卷六说:"吴城地狭民稠,衢巷逼窄。人家庭院,隘无馀步,俗谓之寸金地,言不能展拓也。夏日炎歊最盛,酷日临照,如坐炊甑,汗雨流膏,气难喘息。出复无丛林旷野,深岩巨川,可以舒散招凉。惟有圆妙观广场,基址宏阔,清旷延风,境适居城之中,居民便于趋造。

两旁复多茶肆,茗香泉洁,饴饧、饼饵、蜜饯、诸果为添案物,名曰小吃,零星取尝,价值千钱。场中多支布为幔,分列星货地摊,食物、用物、小儿玩物、远方药物,靡不阗萃。更有医卜星相之流,胡虫奇妲之观,踘弋流枪之戏。若西洋镜、西洋画,皆足以娱目也。若摊簧曲、隔壁象声、弹唱盲词、演说因果,皆足以娱耳也。于是机局织工、梨园脚色、避炎停业,来集最多。而小家男妇老稚,每苦陋巷湫隘,日斜辍业,亦必于此追凉,都集茶篷歇坐,谓之吃风凉茶。"平江散人《苏城圆妙观竹枝词》咏道:"六月宵来风送凉,茶棚烛店各匆忙。金吾禁撤灯如昼,终夜人烧雷祖香。"这也是夏夜苏城的一道风景。

一九三〇年拓宽观前街,正山门两侧的八字照墙被拆除,"保古派"与"保商派"之争,引起轩然大波。此后在正山门两侧各建新派三层楼房各一幢,虽然与玄妙观的整体建筑风格迥异,但还在一个受限制的建筑空间里,三清殿气势尚在。近三十年来,观前街屡经改造,两幢三层楼被拆除,不再砌墙,而改置木栅,远远望去,三清殿渺乎小也,宛如乡间土地庙。

钟声塔影

黄省曾《吴风录》说:"自梁武帝好佛,大兴塔寺;竺道生虎丘聚石为徒,讲涅槃经,石皆肯首;支遁入道支硎山;海上浮二石像于开元寺。至今虎丘、开元每有方僧习禅、设会讲,二三月郡中士女浑聚,至支硎观音殿供香不绝。"自佛教流入中土,旁及东南,三国吴赤乌间已在城中立寺建塔。其后梁武帝事佛,境内名山胜水多立精舍,经陈、隋而寖盛于唐。武宗灭佛,一旦毁去,宣宗又复之。唐末之乱,寺宇多遭焚剽。吴越钱氏崇佛尤至,于是修旧图新,百堵皆作,郡城内外,胜刹相望,故其流风馀俗,久而不衰,信众莫不喜蠲财以施僧,华屋邃庑,斋馔丰洁。故东南寺院之胜,莫盛于苏州。

在苏州城内的建筑空间里,寺院占有相当比例,浮图高耸,殿宇轩昂,像设庄严,绘画藻丽,也足以壮观城邑。《吴郡图经续记》卷中记城内有承天寺、永安禅院、报恩寺、普门禅院、承天万寿禅院、雍熙寺、瑞光禅院、广化禅院、永定寺、寿宁万岁禅院、定慧禅院、大慈院、明觉禅院、朱明尼寺,仅是举其规模宏大、影响广远者。建炎兵燹,废毁殆尽,绍兴后陆续重建。据绍定二年《平江图》标注,城之东南隅,有东禅寺、定慧寺、万岁院、报恩院、竹堂寺、妙湛寺、圆通庵、积庆院、普照院、觉报寺、重升院;城之西南隅,有马禅寺、资福东院、开元寺、瑞光寺;城之西北隅,有报恩寺、能仁寺、普贤院、雍熙寺、朱明寺、景德寺、龙兴寺、永定寺;城之东北隅,有北禅寺、北观音院、宝光寺、灵鹫寺、祥符寺、传法寺、妙严寺、广化寺、天宫寺、宁国寺、宝积寺、资寿寺、仁王寺、光孝寺。《平江图》标注的都是当时具有规模的寺院,远非全部。元明以来,岁月荐更,兴废无常。从大势来说,晚明以后,率多颓圮,或易为官署民居。特别是太平军据苏期间,几乎荡涤一空。王步青《苏州记事》说:"一切神佛庙宇,或毁或焚,无有存者。"同光间有所重建,已非昔日可比。

迄至于今，城内寺院仅存报恩寺、罗汉院、定慧寺、文山寺、报国寺，以及瑞光塔、开元寺藏经楼等佛教建筑。

报恩寺，因在府城北陲，俗呼北寺。古为玄通寺，吴赤乌间孙权母吴夫人舍建，一说孙权乳母陈氏舍建。相传西晋建兴间，先后有石像二、青石钵一浮海而来，迎至寺中供养，梁简文帝有《吴郡石像铭》。隋伐陈，为吴令孙宽所废，唐僧慧頵再建。开元中诏天下置开元寺，郡以此寺应诏。寺中有金铜玄宗圣容，又有陆柬之书碑。大顺二年，孙儒焚毁。后唐同光三年，钱镠重建开元寺于城西南隅。后周显德中，钱氏移支硎山报恩寺额于此。北宋崇宁中加号万岁，寻以僧佛日崧来寺住持，演《华严经疏》，敕为贤首教寺。旧有塔十一级，梁僧正慧建，北宋元丰时经火复新，苏轼舍铜龟以藏舍利。南宋建炎四年罹兵燹，寺塔并毁。绍兴二十三年，行者大圆重建寺塔，八面九级，推一郡浮图之冠。在绍定二年《平江图》上，报恩寺是城内规模最大的建筑群之一。元至元二十九年又重建。明初僧德岩鼎新内外，并绘饰佛像。成化二年，僧文瑛修佛殿。弘治十二年，知县邝璠命僧德昊修塔。隆庆间，寺塔又烬，僧性月募修。万历十年，游僧如金修塔，凡九年成，复冶铜范像。三十一年，塔心欹斜，僧洪恩再修。清初，僧惟一以浮图倾圮，募修八级。清康熙三年，僧剖石壁募修殿塔，又铸铜像，重建大殿。咸丰十年兵燹后，寺几荒废，塔亦将颓圮。光绪间僧敏曦、继和等重修，又建西方佛殿、古铜佛殿。宣统间建禅堂、韦驮殿、西客堂、斋堂、功德池等。寺旧有五子院，曰文殊，曰法华，曰泗洲，曰水陆，曰普贤，后皆废。祝允明《报恩寺功绩总记》说："浙西之佛刹，其最大且久者，无过于苏城之报恩寺。"当大圆重建寺院时，有释迦文佛示寂像，长及数丈，弟子环绕，擗踊哭泣，极形似之工，故又俗呼寺为卧佛寺，南宋淳祐中建杰阁七楹覆之，元至正间张士诚改卧像为立像，明初僧德岩以立像非宜，仍易为卧像，正德七年遭雷击，殿像俱毁。又有不染尘观音像，高数丈，毁于建炎而复于绍兴，大圆募名手所塐，脱沙异质，不用寸土。明成化十九年，郡人张廷玉重建殿宇，万历初毁，三十二年徐泰时重建，

报恩寺　摄于一九一〇年代

127

周廷策塐像,较前尤精,又塐地藏王菩萨及释迦、文殊、普贤像,今惟殿宇为明代旧构。

今报恩寺已经整修,山门前有四柱三间重檐石木牌坊,乃是从申公祠前移置的明代遗构,斗拱为香樟木,枋为楠木,结构精致,器宇轩昂。门厅三间,也是移建的明代建筑。进广院,本大雄宝殿殿基,竹树荫翳,绿草纷披。殿基后,即报恩寺塔,为九级八面砖木结构楼阁式,每层挑出平座、腰檐,底层对边十八点八米,副阶周匝,基台对边三十四点三米。塔高七十四米,塔刹约占五分之一。重檐覆宇,翼角翚飞,朱栏环绕,金盘耸云,为一郡浮图之冠。塔身由外壁、回廊、内壁和塔心方室组成。登临塔上,凭阑四望,古城全貌,尽收眼底;极目远眺,湖光山色,变幻明灭。塔之北,前后殿堂依次排列,气势恢宏。塔东南有明万历时重修的不染尘观音殿,重檐歇山造,面阔五楹,进深五间,以楠木为柱,彩绘藻井,画工精细,为苏州现存最完整的明代建筑之一。塔北有清康熙间始建、光绪间重修的古铜佛殿、藏经阁。塔东北有碑亭,置《隆平造像碑》,据金天羽等考证,绘刻乃至正十九年张士诚款待元使伯颜的礼仪场景,采用深浮雕手法,构图严谨,层次分明,凡一百十八人,面目清晰,衣褶流畅,为罕见的元代纪事石刻精品。

罗汉院,在城东南隅定慧寺巷。唐咸通中,州民盛楚等于此建般若院,吴越钱氏改罗汉院。北宋雍熙间,王文罕、文安、文胜三兄弟捐资重修殿宇,并建砖塔两座。至道二年赐御书四十八卷,改额寿宁万岁禅院。僧妙思《吴郡寿宁万岁禅院之记》说:"及观王君遗文,仍有两别院,一曰藏院,一曰西方院。咸平中以藏院并于寿宁。迨天禧初锡西方院以定慧为额,内藏御书。自始各开户牖,其常产皆王君施也。"南宋绍熙中,常平茶盐使者建祝圣道场。明永乐八年,僧本清重建。清康熙十五年,里人唐尧仁重修天王殿、山门,恢复法堂。乾隆中,东塔相轮毁,道光元年重修。咸同之际,遭太平军兵火,殿阁廊庑荡然不存,惟双塔耸立断垣残壁间。同治间僧却凡稍加修葺,未复旧观。

一九三六年,刘敦桢《苏州古建筑调查记》说:"寺院改为双塔小学,旧日建筑,仅存砖塔二座,及大殿残基石柱,矗立蔓草,其外绕以竹篱与乱砖墙,零落荒寥,不堪寓目。"一九五四年秋,在抢修两塔的同时,清理了大殿遗址。两塔东西比肩而立,相距十四米,均为七层八面楼阁式砖塔,形式、结构、体量相同,高约三十四米,底层对边五点五米。其形制仿木塔,二层以上施平座、腰檐,腰檐微翘,翼角轻举,逐层收缩,顶端锥形刹轮高八点七米,约占塔高四分之一。每级四面辟壶门,另四面隐出直棂窗形,整体造型玲珑秀丽。诚如彭年《重修双塔记》所说:"双轮珠焕,两刹峰标。塔凡七成,□扶二栈。窗开八面,□龛一灯。覆以雕檐,围以□槛。"双塔在平面设计、内部结构、塔形外貌、塔刹形制上,具有唐宋间砖塔建筑的演变特征。同时,也是唐宋砖塔的标准器,指示了底层周长和塔高的关系。刘敦桢主编《中国古代建筑史》第六章说,证以苏州罗汉院双塔,"塔高等于第一层外围的长度,可见这种以周长作为全塔高度的设计比例,可能是当时设计原则的一种"。大殿遗址在两塔之北,面阔三间十八点四米,进深三架十八点一米,平面基本呈正方形,明间有露台向南伸展。据《营造法式》,此殿应为单檐歇山式。现存四周石檐柱十六根,高约四米,上端有安木枋榫头之卯槽。造型分雕花圆柱、瓜棱柱、八角柱三种。石础三十个,皆覆盆式,础磉与檐柱造型相配。前檐六柱及础为圆形,通体浮雕牡丹、夏莲、秋葵等缠枝花卉和婴戏纹饰,构图典雅,雕镂精工,线条流丽,堪称宋代建筑石雕艺术精品。此外尚有石门槛、石罗汉、石须弥座、石狮等,惜残损者居多。今新建碑廊置碑十馀方,有南宋绍熙元年僧妙思《吴郡寿宁万岁禅院之记》、绍定二年僧宗鉴《平江府双塔寿宁万岁禅院归田之记》、明嘉靖三十九年彭年《重修双塔记》、隆庆五年黄姬水《重修双塔禅寺殿记》、万历四十四年王鼎隆《重修双塔寺大雄殿记》、崇祯九年李模《寿宁寺修双塔碑记》等,记载了寺院、双塔、殿阁的兴衰变迁。

吴人向以双塔为苏州科第鼎盛的象征。袁学澜《姑苏竹枝词》咏道:"钟楼双塔秀文华,科第年年艳榜花。日暖春城红杏发,行人指点状元家。"自注:"钟楼、双塔在吴郡巽方,为主阖郡文秀之气,所以苏城屡出大魁。"民间说得更具体了,双塔是两枝笔,倒影在罗汉院大殿上,就像笔搁在笔架上,钟楼(即方塔、文星阁)则是一锭墨,那方方的子城就是墨池了。

罗汉院双塔　摄于一九〇〇年代

定慧寺,在罗汉院西,唐咸通间为盛楚所创般若院之子院,五代吴越钱氏时仍属罗汉院,北宋雍熙间称西方院,天禧初赐额定慧,始与寿宁万岁禅院分为两寺。元季兵毁。明洪武中僧景新、惠泽,永乐中净因,正统中妙玹,先后重建。清康熙十一年,郡绅缪彤等延僧大休驻锡,里人唐尧仁重建观音殿,重修弥勒殿、大殿。道光元年修筑外垣,十六年里人胡珽重修。咸同之际毁于太平军兵火。同治三年,僧本修师徒相继募修地藏、天王各殿。一九二六年,僧灵馨募修。

今寺存山门、天王殿、大殿等,均为清代建筑,坐北朝南。大殿为单檐歇山造,面阔三间十九米,进深十八米,高约十二米。四周檐柱均为抹角石柱,檐下布列象鼻昂枫拱十字牌科,梁架扁作,结构完整。殿前并峙古银杏两株,树龄二百余年。碑刻今存四种,《定慧寺重建佛殿碑》,张洪文,仰瞻书,张勋篆额,明正统二年立石;《苏文忠公宋本真像》,镌苏轼全身像,清嘉庆二十一年翁方钢诗并识,道光十四年李彦章题记,同年立石;《苏文忠公祠募修诗碑》,李超琼诗并识,清光绪十九年立石;《重修定慧寺碑记》,王隆瀚文,董蔚书,一九二八年立石。

苏轼与定慧寺有缘,据沈德潜《定慧寺苏文忠公书〈归去来辞〉碑记》说,时住持守钦仰慕苏轼,"公谪黄州时,黄州定慧长老顗开竹下啸轩,而吴中定慧亦有啸轩,曾留公遗像,意公往来苏州,必留寓于此"。及苏轼谪惠州,使其徒卓契顺访谒,苏轼书《归去来辞》以遗之。"公所书凡二本,一刻于彭泽,而定慧墨本世世宝藏。前明正统二年,住持妙玹修建古刹;又二年,呈墨本于大中丞周公忱,周跋苏公书缘起,俾镌碑石"。知府况锺又建啸轩,以作纪念。清道光十四年,按察使李彦章倡募,于寺北建苏公祠。咸丰十年毁,同治七年,知府蒯德模重建,光绪十九年募修,久废。李彦章撰《苏亭小志》十卷首一卷,有道光十七年顾氏刻本传世。

文山寺,在阊门内文丞相弄,由潮音庵、文山寺、云林庵合并而成。潮音庵建于南宋,兴废无常,清同治间修复,杨象济有《潮音庵增置屋宇记》。文山寺在潮音庵东,本为忠烈祠,明正德十年建,祀文天祥。嘉靖间祠迁旧学前,其址遂改文山寺。云林庵在潮音庵北,两者毗连。一九一六年,潮音庵住持心传斥资兼并文山寺、云林庵,并扩大规模,号为文山潮音禅寺,简称文山寺。一九二五年进行整修,时有殿宇僧舍六十五间。一九五八年改比丘尼道场,有尼众有四十余人。一九六六年起,寺被占用,佛像被毁,尼众星散。一九八九年开始重修,先后整葺了大雄宝殿、藏经楼、云山无恙厅、西方三圣殿,新建了韦驮殿、五观堂等。文山寺至今仍为尼众丛林。

报国寺,在饮马桥东北穿心街。苏州旧有报国寺,在府学西,始建于南宋咸淳间,明洪武初归并开元寺,天顺初僧志学重建,请赐寺额,成化间始成巨刹,万历、崇祯间屡修,清康熙时尚盛,后渐废颓。宣统二年,巡抚程德潜即其废址,改辟植园。一九二一年,程德全斥资购穿心街官产(清季为参将衙门,民初为驻军三标司令部),复建报国寺。住持楚泉圆寂后,真达继之,大加修葺。一九三〇年,印光于此掩关,修辑《佛教四大名山志》,注疏《阿弥陀经》等,自印光离城,交由灵岩作下院,永为十方常住,并附设弘化社。一九五一年,寺僧还归灵岩山寺,此后由佛教协会开办工厂,几经变化,无可细述。一九九四年恢复,附设苏州佛教博物馆、弘化社等。

文山寺、报国寺均坐落陋巷,占地面积不大,但至今仍为信众所趋,香火旺盛。

瑞光塔,在城西南隅,近盘门。三国吴赤乌四年,僧性康来自康居国,孙权为之建普济院居之;十年,孙权又在院中建十三级舍利塔,以报母恩。五代吴越天福二年重修,相传塔放五色光,敕赐铜牌置塔顶。北宋景德元年重建浮图,约天圣八年前后落成。崇宁四年奉敕修塔,塔又放五色光,赐名天宁万年宝塔。宣和间朱勔斥赀重修,以十三级太峻,改为七级。建炎遭兵燹圮坏,淳熙十三年僧法林重葺。此后明天顺四年、崇祯三年、清康熙十四年均曾修塔。咸丰十年遭兵燹,寺毁而塔存,兀然独峙于西风斜照之中。同治十一年,僧西语重修。光绪五年六月,塔刹被大风吹折,更其圮败了。

一九七八年四月,有三少年攀塔掏鸟蛋,无意中在第三层塔心发现一批唐五代文物,主要有楠木黑漆嵌螺甸经箱、碧纸金书《妙法莲华经》、刻本《妙法莲花经》、雕版经咒、墨书经卷、铜佛像、铜质金涂塔、彩绘泥质模制观音像、龟钮琥珀

瑞光塔　摄于一九〇〇年代

开元寺无梁殿 摄于一九二〇年代

"与贞私印"、真珠舍利宝幢和内外木函等,时代之久远,质地之贵重,制作之精湛,实为前所未见,令人叹为观止。

一九八七年,瑞光塔开始全面整修,历时三年竣工,宋塔面貌得以重现。塔作七级八面砖木结构楼阁式,通高五十三点六米,底层外壁对边十一点二米,面积逐层递减,外轮廓微呈曲线,更显清秀柔和。塔身由外壁、回廊、塔心三部分组成,外壁以砖木斗拱挑出木构腰檐和平座,每面以槏柱划为三间,当心间辟壸门或隐出直棂窗。底层四面辟门,第二、三层八面辟门,第四至七层则上下交错四面辟门,内外转角处均砌出圆形带卷刹倚柱,柱头承阑额,上施斗拱。外壁转角铺作出华拱三缝,补间铺作三层以下每面两朵,四层以上减为一朵。全塔共有各式斗拱三百八十馀朵。底层周匝副阶,立廊柱二十四根,下承八角形台基,周边为青石须弥座,对边二十三米,镌刻狮兽、人物、如意、流云等,手法简练流畅。一九八八年,瑞光塔被列为全国重点文物保护单位。上世纪九十年代,以瑞光塔、盘门水陆城门、吴门桥为主体,规划盘门景区,新建丽景楼、四瑞堂、钟楼、鼓楼、双亭廊桥、白龟池、放生池、仁寿亭、涛隐翠野榭、延寿桥、伍相祠等。

开元寺藏经阁,在城西南隅,瑞光塔北。后唐同光三年,钱镠徙城北开元寺于此。南宋绍兴间,知府事洪迈作戒坛。元至治间,寺毁重构,僧断江恩以唐韦应物旧有"绿阴生昼寂"诗句,作堂曰绿阴。明永乐间重修。嘉靖中,寺西偏地侵为民居。万历七年,苏松督粮参政舒化橄知府吴善言勘复归寺。此后陆续修建大殿、石佛殿、佛阁、天王殿、地藏殿、西方殿、戒坛、藏经阁、万佛阁、普照塔等,殿宇庄严,像设毕备,且有园圃,流泉叠石,果蔬禽鱼。咸丰十年兵火后,几成废墟。今存同治初旧影,山门里的弥勒佛,独自在露天里,高高的殿柱伸向苍穹,惟寺后藏经阁尚在,一片萧瑟景象。

今开元寺惟存藏经阁,已被新建住宅群包围,几无隙地。此阁乃僧如缘建于明万历四十六年,屡经修葺。因曾供无量寿佛,又称无量殿;又因采用磨砖嵌缝纵横拱券结构,不用木构梁柱檩椽,俗呼无梁殿。潘曾沂《开元寺重修藏经阁记》说:"吴郡开元寺藏经阁者,建自前明万历四十六年,有神宗时所颁全藏,庋于其上。阁高九丈,东西阔六丈六尺,南北深三丈六尺,纯垒细砖,不假寸木,当日建造费十七万九千馀金而成,神功结构,雄杰冠江南。"阁面阔七间,重檐歇山顶,腰檐敷绿间黄琉璃筒瓦,与清水砖外墙面相映成趣。南北立面相同,上下各辟拱门五座。楼层明间南北拱门上各嵌汉白玉横额,分镌"敕赐藏经阁"、"普密法藏"。底层明间及两次间南北拱门亦嵌汉白玉横额,分镌佛典三藏总目"修多罗"(经)、"毗奈耶"(律)、"阿比昙"(论)。阁内上下层各为三大间,楼上藏经,楼下供佛。楼层四壁嵌置章藻书《梵网经》、《华严经》刻石。明间不用拱券,改以叠涩收敛至中央,四隅以斗拱承托八角形穹窿藻井。底层倚柱砖雕须弥座,上下檐垂莲柱、雀替、华版、额枋、斗拱、楼层平座栏干、斗八藻井、戗角四天王立像等,无不工细精巧。整座藏经阁于宏伟庄重中寓玲珑华丽之美,堪称明代建筑精品。

　　今城内尚存佛教遗迹,还有甲辰巷砖塔、大云庵石桥、圆通庵法乳堂等,已寥寥无几矣。

坊市·街巷·民居

坊市、街巷、民居是城市的重要构成。坊市的概念比较复杂,就本意来说,坊为聚居之区,市则为贸易之区,截然分处。约在两宋时期,随着城市经济繁荣,两者的界限被打破,坊市制度崩溃。吕思勉《中国制度史·农工商业》说:"要之,邸肆民居,毫无区别,通衢僻巷,咸有商家,未有如今日者,此固由市制之益坏,亦可见贸易之日盛也。"街巷与坊市的概念,既重合,又有区别,一般来说,街巷是坊市制度的后续,按行成街,临街设市。民居则是百姓居住之所,《礼记·王制》说:"凡居民,量地以制邑,度地以居民。地邑民居,必参相得也。"坊市、街巷、民居不但是城市生活的主要内容,也是城市空间的主要组成部分。

先说坊。《旧唐书·食货志上》说:"在邑居者为坊,在田野者为村。"坊作为一个聚居单位,也就是城市居民生活小区的古代概念。它的范围可以是一条街及与之关联的里巷,也可以几条街及里巷组成的街区,基本实行全封闭,出入有坊门,坊门有坊额,也有专事管理坊间事务的坊正。坊额是地名的标识,也是后来街巷名称的滥觞。唐代苏州有古坊六十处,《吴地记》一一记名。随着城市人口剧增和经济发展,有的坊废弃,有的坊合并,有的坊分析,另外又有新的坊出现,因此坊名变化较大。《吴郡图经续记》卷上说:"《图经》坊、市之名各三十,盖传之远矣。如曳练坊者,或传孔子登

街巷　摄于一九五〇年代

泰山,东望吴阊门,叹曰:'吴门有白马如练。'因是立名。黄鹂市之名,见白公诗,所谓'黄鹂巷口莺欲语,乌鹊桥头冰未销'是也。其馀皆有义训,不能悉知其由。其巷名见于载籍者,如弹铗、渴乌一二种,皆莫知其处。乃知事物不著于文字之间,则艰于传远,故方志之说,不可废也。近者坊市之名,多失标榜,民不复称。或有因事以立名者,如灵芝坊,因枢密直学士蒋公堂;豸冠坊,因侍御史范公师道;德庆坊,因今太子宾客卢公革,各以所居得名,盖古者以德名乡之义也。苟择其旧号,益以新称,分其邑里,因以彰善旌淑,不亦美哉。"叶梦得《避暑录话》卷下说:"吴下全盛时,衣冠所聚,士风笃厚,尊事耆老。来为守者,多前辈名人,亦能因其习俗以成美意。旧通衢皆立表揭为坊名,凡士大夫名德在人者,所居往往因之以著。元参政厚之居,名衮绣坊;富秘监严居,名德寿坊;蒋密学堂居,尝产芝草,名灵芝坊;范侍御师道居,名豸冠坊;卢龙图秉居,奉其亲八十馀,名德庆坊;朱光禄居,有园池,号乐圃,名乐圃坊。"至明代依然有立表揭坊的,则内涵稍有变化,正德《姑苏志》卷十七说:"表厥宅里,自周有之,所以贤其人也。后世乃以表科第,近又以表其官,此有司崇重激励之意,其亦盛矣。吴中古坊甚多,其巷名亦多沿于古,今并列焉,然其义则或有不可考者矣。"早先古坊之名,往往出于典故,两宋时期,则以名德之人"表厥宅里",与古坊制度已非同一概念。民国《吴县志》卷二十四上说:"观坊之多,而知风化之美;观巷之多,而知民居之密。坊与巷俱以多为贵,而巷多又不若坊多之可贵,所以然者,民欲其庶,欲其富,又欲其善,国有旌典,所以劝善建坊,以资观感。"这是苏州地名文化的特点和传统。

再说市。宋室南渡以后,平江府城商市繁盛,阛阓热闹,诸市、作坊、瓦子、勾栏、酒楼、歌馆、赁物、市食、小经纪以诸色伎艺人遍城皆是,专业市场也已基本形成。王謇《宋平江城坊考》附录《吴中故市考》作了详细的考述,米行在和丰坊(今西美巷),果子行在馆娃坊(今东美巷),鱼行在嘉鱼坊(今嘉馀坊),丝行在丝行桥(今马医科

街巷　摄于一九五〇年代

水巷 摄于一九三〇年代

巷)、百花巷(今金太史巷)一带,荇行、谷市在西市坊(今铁瓶巷),药市在药市街(今学士街),醋坊在醋坊桥、醋库巷、富仁坊巷,船坊在船坊巷,黄牛坊在黄牛坊桥(今景德路),条(绳)坊在条坊巷(今调丰巷)、东打绳巷(今东支家巷打线弄),铜坊在同坊巷(今桐芳巷),船场在东船场巷(今东善长巷)、西船场巷(今西善长巷),谷场在东谷场巷、西谷场巷(今乌鹊桥西),瓶场在瓶场桥(今窑基弄),草场在栈桥(今齐门内吴郎桥东),卖水团在水潭巷,卖雪糕在雪糕桥(今萧家巷东),卖沙糕在沙糕桥(今濠股巷)、卖豆糕在豆粉巷(今豆粉园),卖酒在大酒巷(今大井巷),卖油在吉油巷(今吉由巷)、油巷(今由巷),卖鹅鸭在鹅阑桥(今尚书里)、鸭舍桥(今弹子巷口),卖白礶在白礶桥(今憩桥巷西口),卖胭脂在胭脂桥(今定慧寺巷东南),卖珍珠在珍珠巷(今珍珠弄),卖绣线在绣线巷,卖罗在新罗巷(今白塔西路),卖毡在安毡巷(今颜家巷、小曹家巷一带),卖幛子在幛子巷(今调丰巷附近),卖巾子在巾子巷(今大井巷附近),卖蒲帆在蒲帆巷(今泮环巷),卖靸鞋在靸鞋桥(今宜多宾巷东口),卖弹子在弹子巷(今嘉馀坊南),卖红炉子在红炉子桥(今富仁坊巷),卖弓矢在马黄桥(今富仁坊巷),卖乐鼓在乐鼓巷(今史家巷南),卖乌盆在乌盆桥(今镇抚司前东北),卖石灰在石灰巷(今绣线巷附近),卖砖在砖桥(今葑门内),等等。专业市场的形成,直接影响了地名,不但街巷因所鬻之物为名,甚至桥名也如此,而这往往在两河交叉之处,极有可能当时已形成商品专业化的桥市。

南宋时,乐桥至饮马桥的大街(今人民路),乃城中最繁华的商业中心,有丽景楼、花月楼、跨街楼、黄鹤楼、清风楼等市楼。据《平江图》标注,丽景楼在乐桥东南,花月楼在饮马桥东南,均淳熙十二年知府事邱崈建,雄盛甲于诸楼;跨街楼始建不详,在平权坊(今大石头巷)北,并非后人所说跨大街而建。黄鹤楼和清风楼,见《吴郡志》,而不见《平江图》,黄鹤楼不详,清风楼至嘉熙四年方重建,故不见于图。乐桥南有平权坊,立坊之意不外"谨权量,审法度",正是针对市场而言的。乐桥西有市曹桥,市曹者,亦商业集中之处,相传晋隋间刑人于桥上,每至风雨之夕,冤魂厉鬼,或啸或哭,闻者畏怖,因立周康王庙于桥北,取成康刑措之意。宋元时又刑人于乐桥,故立萧王庙,以萧何制刑律也。附近有纸廊巷(后改紫兰巷)、草鞋桥、豆粉巷、白磻桥等专业市场,又有勾栏巷(后改幽兰巷)、蛾眉桥巷(今三山街)等歌舞娱乐场所集中的街区。

明代中叶,苏州府城的商业重心转移至阊门内外;清咸丰兵燹后,商业重心转移至城中观前街、临顿路一带;沪宁铁路通车后,阊门外再度繁荣。这在上编《明清的繁华》和《近代的变迁》两篇中已有介绍,于此不再赘言。

自南宋重建平江府城后,城内的街巷、河道的基本格局变化不大。苏州的街巷受河道的限制,城内以三横四直为主干水道系统,有大小河流百馀条,纵横密布,经纬贯通,也就形成水陆平行、河街相邻的城市景观。迄至于今,清后期和民国时期所建民居建筑,仍占相当比例。常见为粉墙黛瓦的立帖式砖木结构,楼房一般不超过两层,它们散布于全城的百十街坊、千馀巷陌,或临河枕水,或前庭后院,或高墙深宅,连缀成片,往往以街巷或河道作分割,组成大大小小的民居建筑群。因此,河道、街巷、民居三者具有密切的关系。

苏州城内的街巷,如棋盘格状分布,或为南北向,或为东西向。南北向大多为干道,也有支巷,则往往沿河;东西向则大多为坊巷,一般与河道平行,有三种情况,一是两巷夹一河,二是一巷一河,三是前后均不沿河。就人们的汲水、洗濯、购物、交通等日常生活来说,前两种情况,由前门或后门的河埠进行,后一种情况,则利用坊巷两端的南北向河道。

南北向坊巷里的民居,因为一面沿河,房屋进深很小,朝向又差,皆非大户人家所居,更有是在南北向深宅大院隙地,甚至曲巷滩地之间,大都为手工业者及中小市民所居,平面一般为 H 形三合院曲尺形或横长方形的沿街建筑。

东西向坊巷里的民居,建筑皆可南向,就纵向发展,以逐进的封闭院落方式布局。有的

水巷　摄于一九二〇年代

水巷　摄于一九二〇年代

因为坐落两巷之间，而两巷间的距离过大，不可能为一宅占用，另一宅就有作北向建造的，并在这种情况下作南向的建筑，如前数进非居住部分北向，其后居住部分则南向，形成了南北向混合的建筑群，如李渔《闲情偶寄·居室部》所说："屋以面南为正向，然不可必得，则面北者宜虚其后，以受南薰；面东者虚右，面西者虚左，亦犹是也。"更有以避弄为通道，形成北基南向的格局。

苏州民居建筑的朝向，由气候特点所决定，夏季较热，冬季并不太冷，故以南向或东南向为上选。凡南向建筑，高度增高，进深加深，屋顶用草架施覆水椽（双层屋顶）以防热，并尽可能利用前后天井，门窗都用长楣（落地长窗）和低槛窗。北向房屋在夏季尤为凉爽，故常见有倒座及北向厅事，鸳鸯厅北厅的构筑，特别体现出这种功能来。

就总体而言，苏州民居的厅堂一般都面阔三间，深宅大院至上房部分始有面阔五间以上的，不过从次间或梢间起必间隔，其原因是不受当时制度限制。《明史·舆服志》记道："庶民庐舍，洪武二十六年定制，不过三间五架，不许用斗拱，饰彩色。三十五年复申禁饬，不许造九五间数，房屋虽至一二十所，随其物力，但不许过三间。正统十二年，令稍变通之，庶民房屋架多而间少者，不在禁限。"如天官坊陆宅，大厅面阔三间，而平面则为纵长方形，在架上增加了。入清以后，制度虽无明代严格，但在平面上还保存着部分明代遗规。清代苏州民居，虽在平面上限于面阔三间，但在厅旁次间外各加一间来变通，或用东西避弄将厅间数目在左右两翼增加，多者用避弄四条，作横向扩展。因此不少深宅大院，大厅面阔三间，旁以隙地建书房或花厅等，至上房后开始面阔增多，常见为五间，也有多于五间的。如网师园后部渐大，故其上房面阔六间，天井两侧以短垣分隔，故外表仍为五间；梵门桥弄吴宅及天官坊陆宅等后进上房，面阔多至七间。从总体上看，平面中轴线的后部厅堂的面阔，一般大于前部厅堂。

苏州深宅大院，系由一进一进封闭性院落组成，布局虽然有序，但并不一定对称,而是根据因地制宜的原则,在起建或扩建时力求合理经济,以适合日常生活需要,同时又合乎封建宗法观念的要求,以体现纲常伦理。一般来说,深宅大院都作左右扩展,兼并他姓住宅,在原有建筑物的限制下,尽可能少作变动,以避弄作过渡,使中轴线得到规制中的正直。避弄也称备弄、陪弄、边弄、火弄,为两路建筑物中间的夹弄,或是单路建筑物旁的通道,它阴暗深远,狭窄如幽巷,为两旁前后的建筑物起直接联系作用,在苏州民居建筑群中具有重要的意义。避弄除少数为直线外,几乎大部分是曲折的。它不仅供女眷、仆从进出,具有回避之意,也是大家庭各房进出的通道。深宅大院中轴两侧的地形,往往并不规则,于是建小院精舍,甚至治为园囿。天井是苏州民居的重要组合元素,有大有小,并有前后之分。前天井大都植有一两乔木,如无种植,夏季则搭凉棚减少日照。后天井使南北通风外,也为檐滴落水之地,因后墙粉白返照,北屋光线明亮,又因植有梧桐、芭蕉之属,或有薜芷藤花附于墙面,则满眼青翠。

　　苏州部分第宅大门外有照壁(外影壁),系按官阶而定,有一字形、八字形、冂字形,更有隔河而筑,必官至一品方可建造。大门与照壁之间,则是车轿的回转之处。大门一般在正中,对直照壁,也有在大门外另辟偏门的,似与勘舆之说有关。

　　自大门入,经门屋达轿厅,亦称茶厅,为轿夫休息饮茶之处,敞口无门窗,其旁或有小院,其间建筑则作账房、家塾之用。轿厅后有砖雕门楼,章法《姑苏竹枝词》咏道:"不分大小屋当头,椽画罗纹漆未休。梁饰珍奇龙与凤,石公雕刻造门楼。"可见雍正以前,苏州造屋已注重装修,尤以门楼为时尚标志。钱泳《履园丛话·艺能》说:"吾乡造屋,大厅前必有门楼,砖上雕刻人马戏文,灵珑剔透,尤为可笑。"一般来说,乾隆以前,门楼形制较为简朴,时代愈后愈是繁靡。大厅乃供喜庆丧事及其他大典之用,面阔三间,有的将架数增多,形成长方形的平面。大厅前置戏台,两侧建小楼,小楼上层于厅堂山面梁架间有窗可启,为女宾观剧之处;也有大厅两侧不建楼,而在

水巷　摄于一八六四年

民居 摄于一九五〇年代

山面置屏门,这些屏门装在水磨砖贴面的槛墙上,如将屏门移去,垂以竹帘,作为女宾观剧之处。大厅后为上房,也称女厅、堂楼,多数是面阔五间的楼厅,有分隔为五间的,有仅隔梢间,中为三间厅的。两旁建厢楼,前后天井中亦有隔以短垣,使梢间与厢房自成一区,皆有独立小天井,便于女眷居住。至于上房间数多寡,则视主人财力而定。就大宅的传统评价,常以厅事的规制为标准,大厅以百桌厅为尚,花厅以装折华奢、陈设典雅为尚,门楼以雕刻精细为尚,上房以高畅为尚。最后一进为披屋,也称下房,为女仆所居,或兼储藏杂物,也有列为家祠的。厨房及厨工住处一般都在偏路之后,邻近后门,周筑围墙,单独成区,以防火患,并附以柴房,就近且设谷仓。如此安排,即所谓"君子远庖丁"也,况且厨工皆为男子,不得与女眷相近而居,其他如门房、轿班、账房、仆从、塾师、清客等他姓男子的住处,也都与上房隔绝。

苏州第宅好用雕刻装饰,有木雕、石雕、砖雕。木雕大多施于梁枋、雀替、门窗、户闼,石雕大都施于门枕、柱础、照墙勒脚,砖雕除施于门楼外,还广泛施于照墙、门楣和墙垣等。屋面上的屋脊及戗角也各具形制,屋脊有雉毛、纹头、甘蔗、哺鸡等形式,也有不用脊的。屋之坡度自乾隆以后趋于高陡,一般厅堂檐皆出飞椽,楼厅腰檐出飞椽,上檐飞椽往往略去。戗的形式一般用朝板戗,稍事装饰者,戗上加刻花纹如杨叶般,称杨叶创,其他亦有饰梅花枝,均为踵事增华罢了。苏州第宅多半用高墙封闭,形式有硬山造,山墙不出头,循前屋顶坡度作人字形,这往往见于比较简陋的建筑。较有规模的大宅,山墙一般高于屋面,做成阶梯形状的五山屏风墙,因可以防火,又称为封火墙。更有以前两者结合,以水平形高墙相连,露出屋顶一部分,外观错落有致,晚近建筑也有做成观音兜的。沿街之墙,上部往往用瓦花墙(瓦砌漏窗),或用琉璃预制漏窗,既为墙内建筑通风透光,也为墙外点缀风景,"满园春色关不住,一枝红杏出墙来",正是苏州坊巷里的寻常景象。

苏州第宅的大门,有所谓将军门者,大门两扇,左右有抱鼓石,下有高槛,上有门簪,前有大照壁及东西辕门,今网师园尚存规制。大多数第宅的大门,大者为板门六扇,小者为板门四扇,清中叶前有用竹丝作格门形状的,也有板门外钉竹片呈图案形状的,晚近则常见用薄铁皮以代竹片。这些普通平常的大门,与整个建筑的恢弘气派似乎并不相配,这固然有建筑传统和历史制度的因素,但给来苏的游人特别深刻的印象。郁达夫在《苏州烟雨记》里就说:"苏州的建筑,以我这半日的经验讲来,进门的地方,都是狭窄芜废,走过几条曲巷,才有轩厂华丽的屋宇。我不知这一种方式,还是法国大革命前的民家一样,为避税而想出来的呢?还是为唤醒观者的观听起见,用修辞学上的欲扬先抑的笔法,使能得着一个对称的效力而想出来的?"

进入民国后,改变了深宅大院的命运,主人既在时代风烟里隐去,于是繁盛风光不再,墙面剥落,地砖破裂,梁架上蛛网尘封,屋面因年久失修,微露天光,整个院落里散发出陈腐的气息,袁殊在《诗巷》里记下了难忘的一瞥:"黯长的陋巷,栉比的居屋,黑灰的门墙;而在这些并不雄伟高大的门墙之内,也许有数进深度的画栋雕梁,也许有幽篁小院,在散置的太湖石之间隙里,种植着玉簪,或盆兰,或梅桩。短墙之阴,长着老年的大叶的芭蕉,楠木大柱的厅堂,铺着破碎的大方地砖,而寂寞冷落,阒然无人的踪影,好像是没有人住似的。"

苏州的沿河民居,则是构成水城风光的主要元素,其布局大体可分三种。

一是面水而筑,前门临街,街外是河,河岸上垂柳一行,石栏半截,深宅大院往往在此。庭院深深,连续数进,至宅后,居然也是一河横流,原来大宅是夹在两河之间,前人有道是"门前石街人履步,屋后河中舟楫行",构成前街后河格局。宅前宅后几乎都有通向河道的驳岸踏步石级,既供停靠舟楫,也是浣濯汲水之处,展现着人们的日常生活场景。

二是临水而筑,这都在平行的街和河之间,隙地无多,故紧贴河道,叠石为基,因占地较少,屋宇进深较浅,布置紧凑,并往往建楼;有的还将石基挑出,半悬于水,如前人所谓"人

民居　摄于一九五○年代

家尽枕河"、"楼台俯舟楫"。这一幢幢高高低低的互相毗邻,恰好对岸也是如此,便构成幽幽水巷。梅娘在《人家尽枕河》里说:"破晓,被欸乃的桨声唤醒,推窗远眺,河面水气氤氲,淡紫的朝雾,薄纱似的垂挂在尖俏的檐角下边。刚刚欢跳而来的一缕朝晖,金匹链似的由此岸到彼岸,熠闪在幢幢房屋之间。河水映着朝霞,反映淡紫、青碧、橘黄等多种色彩。这斑斓的色块被划过来的船只撞碎,便一鳞一鳞地闪开,消逝在石砌的岸壁之上。岸壁便是家屋的墙,几乎一律是用一种淡黄夹杂着赭石云纹的石块筑成,石块湿漉漉的,一些隐秘的小凹凹里,还滋生着绿绿的苔藓。从水面上望过去,苏南特有的尖俏的屋檐的倒影,像嬉戏着的水牛的弯角一般,有时勾连,有时重合,有时荡开。一幢幢的家屋,真正的是以河为枕。我不由得惊叹起古诗人用语的贴切和'枕'字所传达的意境之美。河宽不过一线,却具有相当的深度,满载着青菜、竹篾等杂物的木船划过时,船身涨满了河身,几乎要把篙撑到人家的墙上去才行。"水巷景观,向为人称道,游人每每于此摄影而去。

　　三是跨水而筑,民居占地有大有小,而宅中恰好有一道河流经过,只好在那河上架起桥来,将两边的建筑连接起来。因为要避雨遮阳,往往将桥建成廊桥,有的黛瓦红栏,有的装起窗棂,明瓦镶嵌着一方玻璃,于是外界的河成了家中的河,自家的桥却也成为街上路人眼中的风景。跨水而筑的民居,还有另一种情形,那就是桥在门外,过桥方可入门,这是由特殊的宅地环境所决定,或许是大宅分割后自辟的路径,或许是在无可通行的旷地上建起的住宅,也或许原本是寺庙祠堂,废圮后改作民居。一条街巷,并行一条河流,在垂柳的绿阴里,一顶顶红栏木桥连着一个个家门,依次排去,实在是一道独绝的风景。

　　顾颉刚在《玉渊潭忆往》中描述了苏州城内河道、街巷和居民生活的关系:"苏州是一座周围三十六里的长方形的水城,水道同街道并列着,家家户户的前门都临街,后门都傍水。除非穷苦人家,才搭一个没有院子没有井的'下岸房子'。一条条铺着碎石子或压有凹沟的石板的端直的街道,夹在潺湲的小河流中间,很舒适地躺着,显得非常从容和安静。但小河则不停地哼出清新快活的调子,叫苏州城浮动起来。因此苏州城是调和于动静的气氛中间,她永远不会陷入死寂或喧嚣的情调。""至于城里的小河,只能行驶小快船,船头一人撑篙,船尾两人摇橹,远远望见对面有只船来,便高声打招呼。因为水运便利,苏州没有车马,出门不赶船,便只有坐轿。在窄窄的街道上,仅仅能够容许两乘轿对面掠过,两边房子的屋檐,则相逼得更近。在闹市中走,铺子前面还令伸出一大块遮阳来,那就只能窥见一线天空了。每条街上都有一两家茶馆、酒店和糖食铺,尤其多京、苏大菜,在南方是顶刮刮的。这形形色色恰恰正面表现出苏州人的闲散。"

清末民初,苏州出现西式住宅建筑,至三十年代前后,具有西式特征的海派住宅群也开始建造起来。它们一般用砖混柱承重,木架屋面,铺盖红色或青黑色平瓦,外墙为扁砌清水墙面,多数用水泥浆勾缝,层次大多为一两层,少数为三层或假三层楼房,饰泥墁、地板,设有晒台和外挑阳台,或设仿石库门,单门独户,部分住宅内部装饰讲究,在采光、通风方面,均较传统民居大有改善,自来水(深井供水)、厨房、卫生间的设施,适应了现代生活的需要。这一时期的西式别墅,以叶氏荫庐(今属儿童医院)、庙堂巷雷宅(今属上海外贸疗养院)、外五泾谢宅(今属阊门饭店)、蒲林巷邹宅(今属电加工研究所)为著名,至今尚存。至于西式住宅群,有五卅路金城新村、十梓街信孚里、阊门内下塘长鎏村、养育巷救国里等。金城新村系金城银行为高级职员而建的住宅小区,共有十馀幢单体建筑,均为砖木结构两层楼,立面线条简洁平直,朴实无华,每幢建筑面积,大者六百平方米,中者二百八十平方米,小者一百八十平方米,单门独户,地板、泥墁之外,并用钢窗,卧室、起居室较为宽敞,厨房、卫浴等齐全。整个新村的建筑布局也比较宽松,楼与楼之间有小块绿地,树木掩映,格外幽雅恬静。

抗战胜利后,赵清阁来苏州,住在阊门外花园饭店写电影剧本《几番风雨》,那是一处西式建筑散置的庄园式旅店,她在《姑苏城外写风雨》里说:"一溪清流,被翠竹制成的水桥隔开两段,沿清流两岸周围碧绿成荫的垂柳,一枝枝搭拉在水面上,徐风吹过,婀娜多姿。小桥那边有稻香味,俨然农村景象,茅亭下面满是向日葵,芙蓉花红得像太阳。我的房间凉台,面临花园,环境恬静,使你没有旅馆的感觉。于是,稍事休息,我便开始了工作。天黑了,凉台上有电灯,晚饭时我喝了半瓶啤酒,夜色苍茫中看垂柳,看小溪,别是一种情调。垂柳就像少女披散的修长发丝,小溪宛如一面晶澈的镜子,柳丝飞舞,相映成趣。"这固然只是苏州的一隅,然而反映了在新旧交替时代里古城的变化,新的生活设施与自然风光的结合,标志着苏州人居环境的改变已见端倪。

自西汉晚期以来,苏州城市面貌不断变化。历史的更迭,时代的进步,经济的发展,生活节奏的加快,生活质量的提高,必然对城市建设不断提出新的要求。尽管这种变化有时非常缓慢,甚至停滞不前,但大势所趋,也是无可置疑的。

城里半园亭

沈朝初《忆江南》词云："苏州好，城里半园亭。几片太湖堆崒嵂，一篙新涨接沙汀。山水自清灵。"唐宋以来，或大或小的园林建筑群，在苏州城市空间中占的比例越来越大，特别是明清时期，园林个体更呈现密集的势态。它既封闭、独立，又与整个城市融混一体，形成了苏州城市的独特风貌。这样一个源远流长、博大精深的园林体系，展现了中国文化的精华，在世界造园史上，具有独特的历史地位和艺术价值。联合国教科文组织认为，"没有哪些园林比历史名城苏州的园林更能体现出中国古典园林设计的理想品质，咫尺之内再造乾坤。苏州园林被公认是实现这一设计思想的典范。这些建造于十一至十九世纪的园林，以其精雕细刻的设计，折射出中国文化中取法自然而又超越自然的深邃意境"。一九九七年，以拙政园、留园、网师园、环秀山庄为典型例证的苏州古典园林，列入《世界遗产名录》；二〇〇〇年，沧浪亭、狮子林、艺圃、耦园、退思园作为苏州古典园林的增补项目，列入《世界遗产名录》。

苏州园林滥觞于春秋后期的寿梦至阖闾、夫差时代，代表作品有夏驾湖、长洲苑、华林园、梧桐园、姑苏台、馆娃宫等，均属吴王苑囿范畴。其中姑苏台在历史上尤享盛名，童寯《江南园林志·沿革》说："楚灵王之章华台，吴王夫差之姑苏台，假文王灵台之名，开后世范囿之渐。非用以观象，而用以宴乐。"战国至西汉时期，衙署开始构置园景。自佛教输入后，不少寺院也都有花木泉石之胜。

作为苏州园林正脉的私家园林，迟在西晋以后方被文献记录。相传石崇晚年在石湖有庄园，石湖因此而得名。至东晋，更其多矣。《世说新语·简傲》记了两处，一是王徽之所游之某园，"王子猷尝行过吴中，见一士大夫家极有好竹，主已知子猷当往，乃洒扫施设，在听事坐相待"。一是王献之所游之顾辟疆园，"王子敬自会稽经吴，闻顾辟疆有名园，先不识主人，径往其家"。司徒王珣、弟司空王珉在虎丘即剑池东西分筑别业,咸和二年舍为寺。刘宋时戴颙的造园,代表着这一时期的建造风尚,《宋书·戴颙传》说:"吴下士人共为筑室,聚石引水,植林开涧,少时繁密,有若自然。"

进入唐五代,苏州造园活动更其活跃。城内外有陆龟蒙震泽别业、某处士苏台别业、顾况草堂、褚家林亭、韦承总幽居、颜荛林园、任晦园、陈子美小亭、凌处士庄、陆去奢楼亭、大酒巷富人园第、孙园等。其中任晦园,或说即东晋顾辟疆园故址,陆龟蒙《白鸥诗序》说:"乐安任君尝为泾尉,居吴城中,地才数亩,而不佩俗物。有池,池中有岛屿。池之南西北边合三亭,修篁嘉木,掩隐隈奥,处其一不见其二也。"可见叠山凿池已应用于造园,且以山池变幻空间。五代吴越国时,钱氏祖孙热衷造园,归有光《沧浪亭记》说:"钱镠因乱攘窃,保有吴越,国富兵强,垂及四世,诸子姻戚乘时奢僭,宫馆苑囿,极一时之盛。"钱镠、元璙父子建南园,元璙子文奉建东庄,文恽建金谷园。钱氏之园,一是经营年久,二是规模宏大,高岗清池,茂林珍木,极具胜概。近戚孙承祐的池馆,崇阜广水,杂花修竹,即沧浪亭的前身。

两宋时期,苏州造园活动形成新的格局。西郊山水间出现了不少私家园林,如李弥大的西山道隐园、张廷杰的华山就隐、范成大的石湖别墅、卢瑢的吴山南村等。城内外园林更加密集,著名的有蒋堂的隐圃、苏舜钦的沧浪亭、曹琰的浩然堂、吴感的红梅阁、朱长文父子的乐圃、叶清臣的小隐堂和秀野亭、梅宣义的五亩园、章粢的桃花坞别墅、朱勔父子的同乐园和养植园、张几仲的张园、范成大的范村、史正志的万卷堂、孟忠厚的藏春园、赵师罿的昼锦园、蓝师稷的万华堂、杨存中的杨园、荣薿的筠谷等,规模有大有小,绍定二年《平江图》上的"沧浪亭"、"杨园"、"南园"、"张府",占据空间较大。官府还建造了接待内外宾客的姑苏馆、升平馆、望云馆等,皆具花石楼台之胜。郡学本占钱氏南园地,高木清流,交荫环酾,题有十景。除郡治后圃外,吴、长洲两县治内也荫以佳木之清,畦以杂花之英,穿沼筑山,构亭建

沧浪亭　摄于一九〇〇年代

留园 摄于一九二〇年代

堂。刘敦桢主编《中国古代建筑史》第六章说:"这时江南园林有不少文人画家参预园林的设计工作,因而园林与文学、山水画的结合更加密切,形成了中国园林发展中的一个重要阶段。但毕竟人为的成分居于主导地位,产生一些生硬堆砌的缺点。"这一时期,苏州造园大量采用太湖石叠山置景,并重视花木培植。史正志的《史氏菊谱》,范成大的《梅谱》、《范村菊谱》,在花木观赏上作了文字归纳。从园林史上来说,执掌"花石纲"的朱勔,客观上推动了江南造园活动的进一步兴盛。

元代苏州造园,乃是南宋风气的延续。城内新建的私家园林,主要有朱廷珍的松石轩、陈基的小丹丘、俞仲温的石涧书隐等。至正二年僧维则建狮子林菩提正宗寺,则是寺院园林的代表,石峰玲珑,山峦峻峭,有卧云室、立雪堂、问梅阁、指柏轩、禅窝、竹谷诸景,并经名人品题,最号奇胜。此外,昆山正仪的顾阿瑛玉山草堂,亭馆凡二十四处,园池亭榭、宾朋声伎之盛,甲于天下;吴县光福的徐达佐耕渔轩,扶疏之林,葱茜之圃,棋布鳞次,映带前后。当时,玉山草堂、耕渔轩与倪瓒清闷阁鼎足而三,海内士大夫闻风景附,一时高人胜流、佚民遗老、迁客寓公、缁衣黄冠与于斯文者,靡不望三家为归。

约从明中期开始,苏州造园日趋炽盛。黄省曾《吴风录》说:"自朱勔创以花石媚进建节钺,而太湖石一座得银碗千,役夫赐郎官金带,石封为盘固侯,垒为艮岳。至今吴中富豪竞以湖石筑峙奇峰阴洞,至诸贵占据名岛,以凿琢而嵌空妙绝,珍花异木,错映阑圃,虽间阎小户亦饰小小盆岛为玩,以此务为饕贪,积金以充众欲。"明代苏州新建、改建的园林,数量甚多,更注重诗情画意的意境构造。袁宏道《园亭纪略》举例说:"近日城中,惟葑门内徐参议园最盛,画壁攒青,飞流界练,水行石中,人穿洞底,巧逾生成,幻若鬼工,千溪万壑,游者几迷出入,殆与王元美小祇园争胜。祇园轩豁爽垲,一花一石,俱有林下风味,徐园微伤巧丽耳。王文恪园在阊、胥两门之间,旁枕夏驾湖,水石亦美,稍有倾圮处,葺之则佳。徐冏卿园在阊门外下塘,宏丽轩举,前楼后厅,皆可醉客。石屏为周生时臣所堆,高三丈,阔可二十丈,玲珑峭削,如一幅山水横披画,了无断续痕迹,真妙手也。堂侧有土垅甚高,多古木,垅上太湖石一座,名瑞云峰,高三丈馀,妍巧甲于江南。相传为朱勔所凿,才移舟中,石盘忽沉湖底,觅之不得,遂未果行。后为乌程董氏构去,载至中流,船亦覆没,董氏乃破赀募善没者取之,须臾忽得其盘,石亦浮水而出,今遂为徐氏有。范长白又为余言,此石每夜有光烛空,然则石亦神物矣哉。拙政园在齐门内,余未及观,陶周望甚称之,乔木茂林,澄川翠干,周回里许,方诸名园,为最古矣。"当时园墅多至不可胜数,府城内外的私家园林,除袁宏道提到的外,文化影响较大的,有韩雍的菊溪草堂、孔镛的墨池园、吴融的东庄、徐默川的紫芝园、吴一鹏的真趣园、文震孟的药圃、徐泰时的东园、文肇祉的塔影园、顾凝远的芳草园、陈仁锡的无梦园、文震亨的香草垞、王心一的归田园居等,在园林史上都是绚烂夺目的作品。特别是在桃花坞,阡陌交通,溪流萦带,广七百馀亩,其间园林别馆甚多,称一时之盛,如唐寅的别业桃花庵,仅在一隅筑屋数间而已,而风景之胜则在别业之外。明代苏州园林大都因阜掇山,因洼疏池,以清新自然取胜,或也有堆叠假山,营造山林气息,但也大都追求疏朗明快的风格。

　　入清以后,造园风气未衰,但因为城市繁荣,隙地日少,土地价格不断上扬,园林布局大都比较紧凑,亭台楼阁环水池而建造,构筑精致玲珑,巧于因借,并注重室内的陈设装修。这一时期,城内外园林的代表作品,有蒋垓的绣谷、顾咸予的雅园、顾嗣协的依园、顾嗣立的秀野园、陆锦的涉园、尤侗的亦园、慕天颜的慕家花园、李果的菊湄草堂、顾汧的凤池园、宋宗元的网师园、沈世奕的止园、蒋重光的塔影园、方还的勺园、王庭槐的渔隐小圃、刘恕的寒碧山庄、石韫玉的五柳园、吴嘉洤的退园、史杰的半园、袁学澜的双塔影园、顾文彬的怡园、俞樾的曲园、吴云的听枫园等等,有的新建,有的在旧园的基础上增建或改筑。另外,沧浪亭、可园、织造府等官署园林亦屡经修葺。

　　据民国《吴县志》卷三十九记载,苏州府附郭吴、长洲、元

留园　摄于一九二〇年代

拙政园　摄于一九二〇年代

和三县的第宅园林,明代有二百五十四处,清代有一百七十二处。这个统计数据是并不准确的。首先,"园林"和"第宅"不能混为一谈,有的园宅结合,更多的是有宅无园;其次,不少园林传承因袭,分合无常,园主易人,园名不同;其三,许多民居里的小园未被记载。但就整个城市空间来说,大小私家园林确占有相当比例。此外,官署、寺观、祠庙、会馆、公所乃至茶肆、酒楼也往往有亭台楼阁、竹木花石之胜。故称苏州"城里半园亭",并不夸饰。

今苏州城内外开放的古典园林,有拙政园、留园、网师园、沧浪亭、狮子林、艺圃、耦园、怡园、五峰园、可园,其他还有环秀山庄、畅园、鹤园、曲园、听枫园、残粒园、柴园、北半园、惠荫园、朴园等。关于苏州园林的读物汗牛充栋,知者已多,在此就不一一介绍了。

总的来说,苏州园林与中国传统文化是一脉相承的,从它的起始、完善到成熟,无不是传统文化的反映。首先,苏州造园受到隐逸思想的引导,隐逸主题是苏州园林特殊的文化现象;其次,苏州造园受到传统绘画特别是吴门画派的影响,具有浓郁的文化气息;再次,苏州造园在隐逸思想和传统绘画的互相作用下,以一种独特的方式创造意境。苏州园林不仅具有居住功能,而且更重要的是具有艺术化的游赏空间。造园家在第宅周边有限的范围内,以山水泉石、树木花草、亭台楼阁等为素材,去艺术地再现大自然。因此,人们可在这小小空间里,享受大自然的美,领略大自然的精神内涵,在城市里创造出人与自然和谐相处的居住环境,反映了相当高度的居住文明。这不仅影响了江南地区的建筑格调,制约了民间建筑在构思、设计、布局、审美以及施工技术方面的趋向,体现了当时城市建设的科技水平和艺术成就,而且反映了人类对完美生活环境的执着追求。

苏州园林在它的发展过程中,创造了本体提升的条件。一是由于苏州造园活动的普及,各个时期都有专业人才群体,建筑营造、掇山理水、种花植树、装潢陈设等方面的能工巧匠层出不穷;二是文人士大夫积极参与造园,以古典艺术理论和传统绘画图像指导具体的造园实践,不断作出新的建筑构思,如听曲之榭、抚琴之室、演剧之堂等,以满足文化生活需求;三是在归纳造园经验、赏析园林作品的基础上,出现了专业理论著作,如计成的《园冶》、文震亨的《长物志》,同时出现大量园林记叙、园林诗词、园林绘画,它们的反照,丰富了园林的内涵,增加了园林的意趣;四是由于园林的普遍存在,寻常百姓对它们的认识不断深化。如沈复《浮生六记》就说:"若夫园亭楼阁,套室回廊,叠石成山,栽花取势,又在大中见小,小中见大,虚中有实,实中有虚,或藏或露,或浅或深,不仅在'周回曲折'四字,又不在地广石多,徒烦工费。或掘地堆土成山,间以块石,杂以花草,篱用梅编,墙以藤引,则无山而成山矣。"(《闲情记趣》)最被清高宗欣赏的狮子林,在沈复看来,不过尔尔,"其在城中最著名之狮子林,虽曰云林手笔,且石质玲珑,中多古木,然以大势观之,竟同乱堆煤渣,积以苔藓,穿以蚁穴,全无山林气势发。以余管窥所及,不知其妙"(《浪游记快》)。他提出的造园理想,正是在潜移默化过程中形成的审美价值观。

计成《园冶·相地》说:"市井不可园也,如园之,必向幽偏可筑。邻虽近俗,门掩无哗。开径逶迤,竹木遥飞叠雉;临濠蜒蜿,柴荆横引长虹。院广堪梧,堤湾宜柳;别难成墅,兹易为林。架屋随基,浚水坚之石麓;安亭得景,莳花笑似春风。虚阁荫桐,清池涵月。洗出千家烟雨,移将四壁图书。素入镜中飞练,青来郭外环屏。芍药宜栏,蔷薇未架。不妨凭石,最厌编屏。未久重修,安垂不朽。片石多致,寸石生情。窗虚蕉影玲珑,岩曲松根盘礴。足征市隐,犹胜巢居。能为闹处寻幽,胡舍近方图远。得间即诣,随兴携游。"在"城市地"造园,不及"山林地"、"村庄地"、"郊野地"、"江湖地",受到不少局限,但生活方便,即所谓"城市便家"。计成这段话,归纳了城市园林的造园特点。如果能园宅结合,那就更好了。计成说:

拙政园　摄于一九二〇年代

"宅傍与后有隙地,可葺园,不第便于乐闲,斯谓护宅之佳境也。开池浚壑,理石挑山。设门有待来宾,留径可通尔室。竹修林茂,柳暗花明。五亩何拘,且效温公之独乐;四时不谢,宜偕小玉以同游。日竟花朝,宵分月夕。家庭侍酒,须开锦幛之藏;客集征诗,量罚金谷之数。多方题咏,薄有洞天。常馀半榻琴书,不尽数竿烟雨。涧户若为止静,家山何必求深。宅遗谢朓之高风,岭划孙登之长啸。探梅虚骞,煮雪当姬。轻身尚寄玄黄,具眼胡分青白。固作千年事,宁知百岁人。足矣乐闲,悠然护宅。"园宅结合,更是苏州城市园林的一大特点。

苏州城内的园林,小者数亩,大者逾百亩,分割着城市空间,必然深刻影响整个城市的风貌。首先,园林个体的叠石、土丘、建筑、树木等,形成高突于园墙的景观;其次,造园又借景于园外的城墙、河流、佛塔、远山;其三,大小园林分布全城,尤多坐落民居集中的小巷僻弄之中,不但改变了周边的建筑环境,而且调节了这一区域的建筑密度;其四,不少园林临流而筑,改变了寻常的水巷风景,如沧浪亭,更能隔水而望,古木参天,长廊蜿蜒,藕花水榭外,临池一带和合窗,建筑立面富有变化;其五,规模较大的园林,它的周边往往形成幽静的深巷,一带园墙,迤逦数里,漏窗洞开,繁花悬垂,行人稀少,更显静谧,那正是戴望舒《雨巷》的意境。

苏州城市园林的存在,丰富了市民的日常生活。"清明开园"是宋元明清持续不衰的民间风俗,袁学澜《吴郡岁华纪丽》卷三《清明开园》说:"春暖昼长,百花竞放,园丁索看花钱,纵人游览。士女杂遝,罗绮如云。园中花木匼匝,亭榭奇巧,畜养珍禽异卉,静院明窗悬名贤书画,陈设彝鼎图书玩器,釦砌名花,彩幕防护风日,笙歌戏剧,妆点一新。寻芳讨胜之子,极意流连。随处有赶卖香糖果饵,皆可人口。琐屑玩具,诱悦儿曹。俗于清明日开园放游人,至立夏节方止,盖亦如《乾淳岁时记》所称放春故事。"

园林的清幽环境,又为士大夫的文化生活创造了条件。以昆曲为例,昆曲和园林的艺术个性和审美品质相近,都讲究品位和意境。在园林里演昆曲,那楼台倒影,那淙淙流水,那借着水音的吹打演唱,正使得两者之美趋于极致,可谓是物质和精神的和谐结合。故建园林、唱昆曲成为晚明以后的时尚,沈德符《万历野获编》卷二十六就说:"嘉靖末年,海内宴安,士大夫富厚者,以治园亭、教歌舞之隙,间及古玩。"当时正是这样的情形。

画桥三百映江城

苏州坐落水乡泽国,桥也就是必不可少的交通设施。苏州城内,河道纵横,街巷连接着桥,桥串缀着街巷;苏州城外,四围皆水,桥通贯了城的内外,再延伸四郊的乡路山道,更有数不清的桥。还有寺观祠庙的桥,分界了尘世;官宇学校的桥,遵循了礼制;园林别墅的桥,点缀了风景。陆文夫《苏州的桥》说:"或曰:'我走过的桥比你走过的路多!'我想,口出此言者少不了苏州人,因为没有哪个城市有苏州这么多的桥。苏州人一出门便要上桥,或者是一出门就看见桥;人家说开门见山,苏州人可以说开门见桥。走出门一遭如果不过桥,不见桥,那是少有的。苏州人指路往往是说:'过了桥再转弯。'人和人相约:'在桥头上等。''君到姑苏见,人家尽枕河。'苏州城是坐落在一张水网上,来来往往,一是要乘船:'家家门前泊舟航';二是要过桥:'水巷小桥多'。千百年间城市繁华,街巷纵横,那桥就不计其数了。"

据白居易所咏、陆广微所述、范成大所记,唐宋时苏州有桥三百数十,历元明迄晚清,依然如星罗棋布,岂无倾覆而辄重修,即有撤除而亦增建,故其历史之久、数量之众、样式之多,其他水乡城市难以比肩。就材料来说,先是以木构为主,至宋代大都以石易木,后以石构为主,间亦用砖;所用之石,以花岗石、武康石、青石为主,各个时期不同,这也是判断桥梁年代的重要依据。就造型来说,交通性古桥,以拱桥、平桥为主,以连拱为特色,有三拱、五拱乃至如宝带桥有五十三拱;景观性古桥,有步矴、曲桥、廊桥等。就技术来说,宋元时期所建拱桥或连拱长桥,已广泛采用薄墩技术,坚固持久,造型优美,如垂虹桥、宝带桥、灭渡桥、吴门桥等都是中国桥梁史上的典型之作。就地名史来说,北宋熙宁时已标识桥名,《吴郡图经续记》卷中说:"近度支韩公子文为守,命每桥刻名于旁,憧憧往来,莫不见之。"这使地名具体落实下来,另一方面附加了桥梁的文化价值,在城市建设史上具有重要意义。就经济生活来说,作为交通运输脉络的市场节点,桥市在商品交换中发挥了重要作用,并且形成专业市场;明清时期苏州织工的"叫找",也在桥上进行,称作"站桥"。就民众俗信来说,"走桥"不仅是元宵、中秋等岁时生活的内容,并且是娶亲、出丧、做寿、祈嗣等仪礼活动的节目。

这里介绍苏州尚存旧制的桥梁。

先说城内之桥,城内河道以三横四直为大纲,横河自北起数,直河以西起数。跨第一横河,自西至东,依次有板桥、桃花桥、日晖桥、保健桥、张公桥、天后宫桥、周通桥、张香桥。跨第二横河,惟存升龙桥。跨第三横河,自西至东,依次有公和桥、福民桥、志成桥、仓桥、帝赐莲桥、进士桥、南石桥、星造桥。跨第一直河,自北至南,依次有平安桥、教化桥、西城桥、骓骝桥、来远桥、水关桥。跨第二直河,自北至南,依次有堵带桥、星桥、渔郎桥、任蒋桥、善耕桥、花桥、忠善桥、徐贵子桥、青龙桥。跨第四直河,自北至南,依次有潘家桥、庆林桥、胡厢使桥、通利桥、苏军桥、雪糕桥、思婆桥、官太尉桥、寿星桥、百狮子桥、忠信桥。此外,还有跨大新河的通济桥,跨胡厢使河的唐家桥,跨东麒麟河的徐鲤鱼桥,跨柳枝河的朱马交桥,跨南园河的胜迹桥(沧浪亭桥)等。

且以张香桥、升龙桥、帝赐莲桥、胡厢使桥、通利桥、雪糕桥、官太尉桥、寿星桥为例。

张香桥,跨第一横河,北出东北街。《吴地记后集》、《吴郡志》著录。宋佚名《荻楼杂钞》说:"张香桥,昔有女子名香,与所欢会此,故名。一曰女子姓张名香。"本为木构平桥,清康熙四十五年重建为石级平桥,后改石板平桥。今桥宽二点八米,长十点九米,跨径五米。

升龙桥,跨第二横河,原在升龙桥下塘北端。旧称万寿寺前桥,龚明之《中吴纪闻》卷四说:"张仅,字幾道,居万寿寺桥。与顾棠叔思,皆为王荆公门下士。"则桥之始建,不晚于北宋庆历。正德《姑苏志》卷十九称"寺废,今改为升龙桥",卷二十四又称"学之外有升龙桥",则升龙之名当与长洲县学有关。今存者为单孔拱式,卧条石桥栏,基宽四点五米,顶宽三点二米,长十八米,跨径四点五米,南北踏步各十二级。一九九四年改筑干将路时,北移十米,乃今干将路上惟一古桥。

帝赐莲桥,跨第三横河,北接长洲路,南出十全街。正德《姑苏志》卷十九、隆庆《长洲县志》卷十二均作帝师桥,又称帝师连桥、帝师里桥、帝思莲桥,由来无可稽考,民间则俗呼"狗屎连桥"或"狗屎桥"。南宋咸淳间始建,历代修葺无考。今存者为单孔拱式,花岗石实腹桥栏,宽三点二米,长十四米,南踏步十五级,北踏步十八级。

胡厢使桥,跨第四直河,西接曹胡徐巷,东对胡厢使巷。《吴郡志》、《平江图》均著录。自大中祥符后,在京城外划分若干厢,特置厢官,处理民事,南宋临安沿袭。此桥之建,与胡姓厢官有关。苏州人好谑,戏称"胡相思桥",胡乱相思也。清乾隆九年重建,桥额竟镌"重建胡相思桥"。作单孔拱式,花岗石桥栏,宽三点七米,长十二米,跨径四点一米,东踏步十三级,西踏步十二级。

通利桥,跨第四直河,西接菉葭巷。《吴郡志》、《平江图》著录。据《瞿木夫先生自订年谱》记载,清嘉庆十九年修桥,在拱券内发现南宋淳祐十年碧云庵僧守常募赀重修星桥、朱马交桥石刻。可见本为拱桥,屡经重建,并采用了其他桥梁材料。今存者为石板平桥,宽三点五米,长十二米,跨径六米。

雪糕桥,跨第四直河,在萧家巷东端。《平江图》、《吴郡志》均有著录。张紫琳《红兰逸乘》卷一说:"雪糕桥,昔张孝子抟雪为糕以奉亲,所居在萧家巷,祠亦在焉。"一说雪糕即白色米糕,为宋代流行糕点,此桥近处或有雪糕店肆。清乾隆十八年、光绪三十一年先后重修。原为单孔砖石拱桥,一九四五年改为石板平桥。桥上原有观音堂,今经改筑。桥宽三点二米,长五点八米,跨径四点五米。

官太尉桥,跨第四直河,在唐家巷西端。《吴郡志》著录。此桥之建,当与官姓太尉者有关,故实无考。清康熙三十五年重建,光绪四年修。今存者为单孔梁式,桥台、长系石皆武康石,桥面长梁、栏板皆花岗石,金刚墙则以青石、花岗石间杂砌筑。桥宽二点四米,长十五点七米,跨径三点四五米,东西踏步各十一级。桥额镌楷书"官太尉桥"四字,旁镌小字"光绪四年六月□日立"、"里人募捐重建"。

吴门桥　摄于一八九〇年代

宝带桥 摄于一九〇〇年代

寿星桥,跨第四直河,在望星桥北。《平江图》注作营桥,因其西有军营得名。明末张国维《吴中水利全书》卷一《苏州府城内东南隅长洲县分治水道图》仍注作营桥,乾隆《姑苏城图》已注作寿星桥。顾震涛《吴门表隐》卷十则说:"寿星桥有磁寿星像,宋绍兴十年里人浚河得之,遂建桥立庙祀之。"桥为单孔拱式,主体皆用武康石。北侧栏板三块,一九六五年移自被拆除的百狮子桥,上有浮雕舞狮;南侧栏板三块则为原物,上有浮雕花鹿,因年代久远,仅具物形。拱顶侧镌"重建寿星桥"五字。桥顶宽二点二米,长十七点四米,跨径四点七米,东西踏步各十五级。

再说跨外濠之桥,据同治《苏城地理图》标绘,阊门、葑门、娄门、齐门外均有吊桥,胥门外有万年桥,盘门外有吴门桥。今惟吴门桥为旧制。

吴门桥,初建于北宋元丰七年。《吴郡图经续记》卷中说:"新桥,在盘门外。自郡南出,徒行趋诸乡至木渎者,每过运河,须舟以济。又当两派分流之间,颇为深广,故自昔未有为梁者。今太守朝议章公下车,有石氏建请出钱造桥者,公立限督之,即日而裁,逾时而毕,横绝漫流,分而三桥,往来便之。"它由北岸两座相连的木桥和南岸一座石桥连缀而成,三起三落,俗呼三条桥。在《平江图》上,北面两桥形制相同,注曰"吴门桥";南面一桥较矮,注曰"新桥"。洪武《苏州府志》卷六说:"绍定中重建,环以三石洞,尤为壮伟,号吴门桥。"明正统间况锺再建,弘治十一年、清顺治三年、雍正十二年重修,徐扬《盛世滋生图卷》描绘了乾隆时期的吴门桥。今存者为同治十一年重建的单孔拱桥,桥孔高大,大船可扬帆而过。桥顶宽四点八米,底宽五点八米,长六十六点三米,跨径十六米,南北踏步各五十级。全桥用花岗石和少量武康石砌筑而成,踏步均整块条石。桥面中央浮雕轮回纹,桥栏由曲尺形条石连接而成,不施望柱,犹如长椅,可供行人憩息。在桥北金刚墙左右,还砌筑纤道,宽约零点六米,在桥洞内砌筑纤道,在全国亦甚罕见。

再说城外之桥,由于数量众多,只能择要介绍。京杭运河自西北而来,绕城半边,南出赤门湾后,有灭渡桥和宝带桥;阊门运河自阊门外西至枫桥,主要有普安桥、上津桥、下津桥、枫桥、江村桥;山塘河自阊门外西北至虎丘,主要有通贵桥、白姆桥、八字桥、普济桥、青山桥、绿水桥、斟酌桥、塔影桥、万点桥、西山庙桥。此外,还有跨元和塘的齐福桥,跨大龙港的兴隆桥,石湖北渚的行春桥、越城桥。

灭渡桥,跨京杭运河,在城东南赤门湾南。据张元亨《建灭渡桥记》记载,"由赤门湾距葑门,水道间之,非渡不行。舟人横暴,侵凌旅客,风晨雨昏或颠越取货"。昆山僧人敬修几遭其厄,于是发愿募资建桥。始作于大德二年十月,四年竣工,为单孔半圆拱桥,"南北往来,踊跃称庆,名灭渡,志平横暴也"。桥建成后,屡经修葺,明正统间况锺重修,清同治间再修。桥身以武康石、青石、花岗石混砌,历代修葺痕迹明显。今桥顶宽三点七八米,长七十点七五米,跨径约二十米,东西踏步各五十三级,两堍略宽,大体呈喇叭形。桥北金刚墙下有桥墩,可防洪水和船只撞击桥身。拱券作分节错缝并列式,厚度仅三十厘米,不施横向长铰石,属早期拱券结构形式。在中国桥梁史上,它以跨度宽大、结构轻巧著名。

宝带桥,与京杭运河平行,跨澹台湖口。唐元和五年,刺史王仲舒"堤松江为路",由于太湖来水自澹台湖口东出,此段堤岸屡被冲毁毁,后人便改筑木桥,至两宋时,尚无宝带桥之名。元代改筑石桥,以其状如玉带,故名。僧善住《宝带桥》诗云:"借得他山石,还将石作梁。直从堤上去,横跨水中央。"明正统七年重建,即成今制,陈循《重修宝带桥记》说:"桥长千三百二十尺,洞其下凡五十有三,而高其中之三,以通巨舰。"其桥身之长、桥孔之多、结构之精巧、造型之秀丽,为中外桥梁史上所罕见,它也是中国今存桥孔最多、桥墩最薄的连拱石桥。同治二年八月,戈登率常胜军与太平军作战,为使小火轮通过,拆毁大孔,致使一半桥孔连续倒塌。十一年重建,桥之南北两堍各置石狮一对,北

上津桥　摄于一九三三年

江村桥 摄于一九二〇年代

块又有石塔和石亭,亭内置张树声碑记。一九三七年"八一三"事变后,日军空袭,桥南端六孔被炸毁,一九五六年修复,一九八二年又修葺。今桥宽四点一米,全长三百一十七米,桥下五十三孔联缀,主桥长二百四十九点八米。南端引桥长四十三点八米,北端引桥长二十三点四米,桥堍呈喇叭形,宽六点一米。桥两端原有石狮一对,现剩北端一只,桥北有石碑亭和石塔各一座。第二十七孔与二十八孔之间水盘石上也有石塔一座。

普安桥,跨阊门运河支流普安泾,在上塘街口。明弘治十四年建,清嘉庆十九年重修。今桥为马蹄状单孔拱式,东西走向,长三十米。由南北两组拱券并列组成,总宽二十一点二米,为苏州诸桥之最。北拱券宽十七点七米,上有同治五年重建的关帝庙两进,今遗构尚存;南拱券宽三点五米,供人通行。故苏人说:"普安桥,造得好,两桥合一桥;庙蹲桥,桥载庙,庙门对河道。"桥庙组合,屡见不鲜,但这种格局绝无仅有。桥南河道上旧有跨河戏台,架于东西驳岸之间,形式与过街楼仿佛,不仅船只往来无阻,还与关帝庙呼应,作了较为完整的宗教建筑布局,以满足演戏酬神的需要。惜戏台在清末已毁,这种桥庙戏台的组合已不可复睹。

上津桥,跨阊门运河,南连上塘街,北接上津桥下塘。始建无考,谢时臣在《金阊佳丽图卷》中标作"上新桥"。明末重建,清咸丰十年毁,同治五年重建,一九八四年修葺。为花岗石砌筑单孔拱式,顶宽三点七米,长四十二点四五米,跨径十二点二米,拱券分节并列砌置,南踏步二十九级,北踏步三十一级,青砖桥栏,间施望柱,压以条石。清初,有前明将军郝太极隐居桥畔卖药,顾炎武有诗《郝将军太极滇人也天启中守霑益余于叙功疏识其姓名今为医客于吴之上津桥言及旧事感而有赠》,光绪三十年于桥南立"故明郝将军卖药处"碑。今于桥南建石亭,内置新碑一方。

下津桥,又名通津桥,跨阊门运河,南连枫桥路,北接西园弄。明成化十八年建,清康熙、道光、光绪屡次重修。今桥为单孔拱式,拱券仍为明代青石分节并列结构原物,其他部分为清代以后用花岗石补缀。桥顶宽四点九米,长三十六点七米,跨径十二点二米,南踏步二十八级,北踏步二十五级,石雕实腹桥栏。额镌"下津桥"三字,西北望柱镌"金阊永善堂重修"、"光绪三十二年秋立"诸字。

江村桥,跨阊门运河南北走向段,在寒山寺前。清康熙四十五年里人程文焕重建,同治六年修葺,一九八四年重修。桥作单孔拱式,花岗岩砌筑,间以少量青石,拱券石十一排纵联并列砌置,桥面石中央镌轮回纹,桥栏用城砖砌筑,上压抹角条石,间以望柱,东踏步二十五级,西踏步三十三级。额镌"重建江村桥",桥栏望柱镌"同治六年六月重修"、"仁济堂安仁局董事经办"诸字。

枫桥,跨阊门运河南北走向段,在铁铃关前。始建无考,因地处水陆要道,旧时设卡,每当漕粮北运经过,便封锁河道,故名封桥,后因张继《枫桥夜泊》诗而改枫桥。历经修葺,清康熙四十五年重建,乾隆三十年重修,同治六年又重建,即今所存者。桥作单孔拱式,顶宽四点四米,长三十九点六米,跨径十点五米。花岗石砌筑,拱券纵联分节并联砌置,桥面镌轮回纹,砖砌桥栏,间石望柱。西踏步二十八级,东踏步三十级,下落于铁铃关拱门内。桥额"重建枫桥"四字,桥南明柱镌"同治六年丁卯八月重建"、"仁济堂安仁局董事经办";桥北明柱有联曰:"吉人语善视善行善三年,天必降之福;凶人语恶作恶行恶三年,天必降之祸。"

通贵桥,跨山塘河,在东杨安浜北。明弘治初建,顾公燮《丹午笔记》说:"山塘吴文端公一鹏与菩提庵前郭方伯友善,朝夕过从,造桥以便往来,名曰通贵。"顾禄《桐桥倚棹录》卷七说:"隆庆二年五色云见桥上,故又名瑞云桥。"崇祯十三年修葺,清乾隆五十三年里人吴三复重建,光绪六年重修。为单孔拱桥,宽二点三米,长十九米,跨径七点二米。望柱镌"光绪六年玖月吉旦"、"虎丘清节堂昌善局募资重修"诸字。

白姆桥,俗呼白马桥,原名泰定桥,或元泰定间重建,跨山塘河支流。顾禄《桐桥倚棹录》

枫桥 摄于一九二〇年代

157

塔影桥　摄于一九三〇年代

卷七引徐士鋐《里俗聊闻》："白公桥、白姆桥俱白居易建。"乃民间传说也。清光绪二十九年重建。今存者为石板平桥，宽四点三米，长三点六米，跨径二点五米。

八字桥，由相连两桥组成，一跨山塘河支流白姆桥河，一跨山塘河支流冯家浜，两桥西南两端合为一桥坡，实呈人字形。民国《吴县志》卷四十一说："阊门外山塘八字桥西有大冢，土人呼为破庑墩，谓即孙坚之坟。所谓八字桥者，有二桥在墓门左右，形如八字，故名。"一九二二年由山塘公社募建，均为平桥，各宽二点四米，长四点八米。

普济桥，跨山塘河，在怡贤寺南。明弘治七年里人周氏等募建，本名无考，清康熙四十九年因桥南建普济堂而得名。今存乾隆时木版年画《山塘普济桥中秋夜月图》，即以桥为主景。乾隆五十八年、嘉庆五年、道光二十一年、一九二五年先后重修。作三孔花岗石拱桥，拱券纵联分节并列砌筑，桥面宽约四米，长三十八点七米，中孔跨径九点一米，两旁次孔跨约五点三米，南踏步三十级，北踏步二十六级，拱券内壁刻有捐资人姓氏。桥东西明柱镌联，一曰："东望鸿城，水绕山塘连七里；西瞻虎阜，云藏塔影立孤峰。"一曰："北发塘桥，水驿往来通陆墓；南临路轨，云车咫尺到梁溪。"一九八六年大修。

青山桥，又名白云桥，跨山塘河支流，在山塘街普济桥西。始建无考，清同治五年昌善局重修。今存者为石板平桥，宽三点一米，长三点五米，跨径二点四米。

绿水桥，又名普福桥，跨山塘河支流，在山塘街青山桥西。始建无考，明万历二年重建，清嘉庆三年、同治五年昌善局重修。今存者为石板平桥，宽三点一米，长三点五米，跨径二点三五米。

斟酌桥，跨山塘河支流，在山塘街绿水桥西。本为木构，明万历十三年里人张相泰改建为石梁平桥，清嘉庆三年知府任兆炯重建，道光二十一年重修，一九七七年拓宽。今桥宽六点三米，长十九点六米，跨径六点四米。南明柱镌联曰：

"鹤市人家通一水,□□花舫聚三汊。"

塔影桥,跨环山河,在虎丘东南麓。顾禄《桐桥倚棹录》卷七说:"国朝嘉庆三年任太守兆堈建白公祠于蒋氏塔影园遗址,门首建桥,名曰塔影,便入祠之路,赤栏白石,丽景如画。"东西明柱有联,东曰:"横波留塔影,跨岸接山光。"西曰:"路入香山社,人维春水船。"

万点桥,又名范店桥、饭店桥,跨山塘河支流,在山塘街席场弄口。本为木构,明弘治十三年改建为石板平桥,清光绪六年又重建。今桥宽二点五五米,长四点二米,跨径三米,有侧卧桥栏。

西山庙桥,跨山塘河,在山塘街席场弄西,因桥北有西山庙得名。清康熙九年里人王延台等捐资重建,改名元庆桥。咸丰二年重建。桥作单孔拱式,宽二点七五米,长二十点八米,跨径六点七米。东侧明柱镌联曰:"跨水虹梁新结构,合流虎阜抱潆洄。"西侧明柱镌"咸丰二年岁次壬子季春穀旦"、"诚正堂司董里人曹承成重建"诸字。

齐福桥,跨元和塘,在齐门外大街南端。李楚石《齐溪小志》记道:"朝天桥在朝天河口,故名,亦名齐福桥,旧以木为之,明宣德中知府况锺始易以石,俗名南马路桥。"民间又俗呼齐庙桥,因桥东旧有李王庙。今存者为清同治六年重修,作单孔拱式,宽三点二米,长三十四点二五米,跨径十一点五米。

兴隆桥,跨大龙港,在盘门外大龙港与运河交汇处。《平江图》上作堰桥,从盘门陆门出城,或经由吴门桥,或过虹桥经由堰桥,桥北有高丽亭。宋代堰桥作木结构,迟在晚明改筑为石桥。道光二十三年重建,作单孔拱式,花岗石砌筑。基宽三点六米,顶部宽二点八米,长二十六米,跨径六米,桥洞上方刻"兴隆桥"三字,条石桥栏,两坡原有踏步,一九二九年改级为坡。自开辟大马路,架设裕棠桥,盘门外虹桥(如京桥)毁去,兴隆桥遂失其交通意义。

行春桥,跨石湖北渚,东接越城桥。据桥名考之,或始建于隋唐之际。南宋淳熙十六年重修,范成大有《重修行春桥

西山庙桥 摄于一九二〇年代

行春桥 摄于一九一〇年代

记》。明洪武十一年重修,僧妙声有《行春桥记》。成化、崇祯间再修。一九四九年因战事拆去桥东四孔,一九五三年修复。今桥作半圆薄墩九孔连拱长桥,花岗石砌筑,拱券为纵联分节并列砌置,中宽五点二米,堍宽六点五米,长五十五点四米,中孔跨径五点二米,自次孔至梢孔依次对称递减。长系石为武康石,端部雕兽面,当是宋代旧物。条石栏板,望柱雕蹲狮。旧时农历八月十八日,苏州有"看行春桥下串月"风俗,明月初起,映入桥洞,其影如串,湖上游船纷集,征歌赌酒,通宵达旦。

越城桥,跨越来溪,又名越来溪桥,西与行春桥相接。始建无考,南宋淳熙间里民薛氏捐奁具钱复建,元明间多次修葺,成化十五年张习有《重建越城桥记》。咸丰兵火毁,同治八年重建。桥作单孔拱式,花岗石构筑,拱券为纵联分节并列砌置,顶宽三点六米,长约三十三米,跨径九点五米,东踏步二十二级,西踏步二十三级。南北明柱有联,南联曰:"十里荷花香连水,一堤杨柳影接行。"北联曰:"碧草平湖,青山一画;波光万顷,月色千秋。"桥东即新郭渔家村。

苏州城内外的桥,勾画了一道道美丽的风景。包天笑《钏影楼回忆录·出就外傅》就记下了盛家浜的景象:"那里开出门来,便是一条板桥,下面是一条河浜,虽不通船,可是一水盈盈,还不十分污浊。从板桥到街上,一排有十馀棵大树,这些大树,都是百馀年物了。尤其是在夏天,这十馀棵大树,浓荫遮蔽,可以使酷烈的阳光,不致下射。晚凉天气,坐在板桥上纳凉颇为舒适。板桥很阔,都有栏干。沿浜一带,有八家人家,都有板桥,东邻西舍,唤姊呼姨。"虽然盛家浜至今还在,但那板桥连缀的景象

越城桥 摄于一九一〇年代

早已看不到了。更多的桥,因填塞河道而拆除,因拓宽道路而改筑。陆文夫《苏州的桥》说:"时代的车轮滚滚向前,四个轮子势不可当,许多古桥被迫接受改造,平坦宽阔的大桥,凌空飞舞的高架拔地而起,古桥的交通功能在逐渐地丧失,可那历史文化的承载和建筑艺术的价值却在日益提高;桥和许多古建筑一样,是我们这个城市的记忆,一个城市如果失去了记忆,头脑里将是一片空白"。如今想要看看苏州的桥,惟平江路和山塘街上保留较多,也还尚存旧规。

后记

　　这本小书乃出薛冰先生谋画，那已是好几年前的事了。某次席上，他与我闲聊，说如今写城市往事的书，实在不能算少，写得好的不多，即使写得好的，如果细究起来，也要打点折扣，因为似是而非、以讹传讹的东西太多了。如果就事论事，就自己的研究和认识，来正本清源，来拨乱反正，甚至就作点接近真实的解释，也是好的。对薛冰的话，我是深有同感，"小苏州"实在也有"大问题"，瞎七搭八的事太多了。不少所谓专家袭人故智、拾人涕唾、偷人果实，已不是什么奇怪的事了；还有一路写家，说历史，讲故实，实际都在演义民间传说，甚至为了迎合需求，胡编乱造。这一现象，大概很是普遍，因此薛冰的想法，得到东南大学出版社许进女士的赞同，表示可以循这个思路做一套丛书。

　　前年春上，薛冰就约了几个城市的作者，也约了我，然而直到去年八月，稍得闲暇，才开始写，断断续续，至今方才搁笔，历时半年有馀。这本小书的构架，以时间为经，以空间为纬，即所谓之"纵横"，为的是尽量显得稍有统系，在还原历史真实的同时，再介绍一点关于这个城市的常识，互相交融，穿插进行，不致于让读者感到茫茫然不知所云。但自己毕竟是陋巷中人，对这个城市终然是缺乏宏观、深刻的了解，井底看天，捉衿见肘，那也是必然的。正因为如此，虽说"纵横"之谈，也就未必能尽题中之意，那就只能怨自己才疏学浅了。

　　需要说明的是，我在写这本小书的时候，参考、引用了钱公麟、张照根先生的著述，小书印出后，就想请两位上酒楼小酌一顿，聊表谢忱，"草草杯盘浑自足，笑谈只欠布袍翁"，至于楼下街边墙角的闲言碎语，就不去管他了。

二〇一七年二月二十日